Me extraño a mí mismo

JORGE PIÑA

Order this book online at www.trafford.com
or email orders@trafford.com

Most Trafford titles are also available at major online book retailers.

Print information available on the last page.

ISBN: 978-1-4907-5969-2 (sc)
ISBN: 978-1-4907-5971-5 (hc)
ISBN: 978-1-4907-5970-8 (e)

Library of Congress Control Number: 2015907066

Trafford rev. 05/19/2015

www.trafford.com
North America & international
toll-free: 1 888 232 4444 (USA & Canada)
fax: 812 355 4082

Índice

Prólogo

Cuando recibí el escrito de "Me extraño a mí mismo" empecé a leerlo y no pude parar hasta el final, su lectura me atrapó desde el principio. El relato es interesante, bien contado, sus descripciones transportan al lector a los diferentes escenarios y sobre todo, despierta el interés en saber ¿Qué pasará? ¿Cuál es la siguiente sorpresa?, preguntas que en general nos hacemos siempre que estamos frente a un proceso o un descubrimiento.

Jorge nos lleva de la mano a través de su relato al entendimiento de la Apocatástasis, "la unión del todo con cada una de sus partes sin excepción" y, en esencia, al cuestionamiento de: ¿Quién soy realmente? ¿Qué partes de mí mismo he ido perdiendo en el camino de mi vida? "... los dones que traemos con nosotros se van alterando hasta el punto que ya no somos ni la sombra de lo que pudimos haber sido..." [sic] y como él mismo declara en su texto, la intención de escribir este libro es invitar a los lectores a que reflexionen a profundidad sobre quiénes son y cómo pueden recuperar esas partes extraviadas que hoy extrañan.

A lo largo de todo el escrito vemos como se enfatiza una y otra vez este principio, lo que sin duda sembrará en el lector la semilla del autoconocimiento y del deseo de recuperar e integrar a su vida esos aspectos que ha ido dejando en el trayecto o como diría Carl G. Jung, de emprender el proceso de individuación, que es esa fuerza poderosa en cada uno de nosotros que nos lleva a completar quienes somos conscientemente.

He conocido a Jorge por muchos años y soy testigo de la congruencia entre su vida y lo que intenta transmitirnos. Este libro es producto de sus propias experiencias y del trabajo con sus pacientes; el relato es un testigo de su propio proceso de individuación y de su entusiasmo por enseñar el camino a todos aquellos que quieran aprenderlo.

Jorge ha sido y es un fiel creyente y enamorado de los sueños, tema en el que tiene mucha experiencia y ha trabajado con sus propios sueños y los de otros por muchos años. Ahora, nos enseña de manera magistral a prestar atención a los símbolos que en ellos aparecen, a entenderlos, a darles forma, a observar las coincidencias que no pueden explicarse causalmente y que son significativas en un determinado momento de nuestras vidas, lo que se conoce como sincronicidad.

El Dr. Jung, nos invita a vivir nuestra vida de una forma simbólica para lograr una mayor consciencia y autorrealización, integrando fortalezas, debilidades y todos los aspectos que conforman nuestra personalidad en busca del ser total y Jorge, en su escrito, nos muestra cómo hacerlo a través del desarrollo de sus personajes en "Me extraño a mí mismo".

Otro punto que me parece importante recalcar es que a lo largo del libro, Jorge nos deja ver cómo las experiencias de vida, la educación, las creencias, los eventos y las influencias que recibimos van construyendo nuestra personalidad, así como la forma en que abandonamos muchos de nuestros potenciales para ser como se espera de nosotros y optamos por lo que resulta más adaptativo a nuestras circunstancias pero, al hacerlo, olvidamos mucho de quienes somos para ser la persona que los demás esperan que seamos.

El libro nos muestra la importancia de recordar nuestras viejas heridas y poner atención a cómo permean nuestras vidas, nuestros comportamientos y son la fuente de nuestros miedos e inseguridades, pero que también son nuestras fortalezas si podemos curarlas y transformarlas.

En su libro anterior, El Silencio de Leah, Jorge hace su primer ejercicio para enseñarnos cómo recorrer el camino de transformación, reconociendo las emociones y encontrando la propia voz del alma. Y sigue mostrándonos ese camino, ahora con "Me extraño a mí mismo".

Jorge es un psicoterapeuta con orientación junguiana, estudioso de los procesos psíquicos desde varias perspectivas, con diferentes herramientas para trabajar con sus pacientes pero sobre todo es un hombre en búsqueda permanente, que asume el sufrimiento de su vida y con valentía es capaz de desnudar el alma ante sus lectores para mostrar que es posible acercarse al verdadero ser y sanar las heridas.

Es un hombre de fe en Dios y en los procesos psíquicos, en los sueños y en la necesidad profunda de la psique de buscar y encontrarse a sí misma.

Les invito a leer este libro con los ojos del alma, reconociendo cada uno sus propios símbolos y sus propias heridas, para que así podamos aprender el camino de individuación y de amor que Jorge se ofrece a enseñarnos y por el que nos guía a través de su relato.

Rocío Ruiz Navarro.
Analista Junguiana.

Introducción

Las personas venimos al mundo con todo lo necesario para lograr nuestro cometido en éste pero en muchas ocasiones, todo el equipaje que traemos para lograr ese plan divino que nace desde lo más profundo del alma humana no es, necesariamente, lo que los demás esperan o desean de nosotros y para nosotros.

Entonces comienza una guerra entre lo que realmente somos y lo que el grupo al que pertenecemos, familia, amigos, sociedad, cultura, etc., quieren que seamos.

Se libran batallas que algunas veces se ganan y otras veces se pierden, pero lo importante para los individuos es que en esa guerra nuestras verdaderas personalidades y en muchos casos los dones que traemos con nosotros, se van alterando hasta el punto en que ya no somos ni la sombra de lo que pudimos haber sido y como si eso no fuera suficiente, vamos llenando un costal con todas esas características, cualidades y actitudes que hemos dejado fuera de nuestro ser y por extraño que parezca, nos pesan.

Cuando nuestro costal se ha llenado las personas nos deprimimos, comenzando a experimentar lo que se conoce como la crisis de la media vida, pues es en esa etapa cuando las características que llegan con nosotros al nacer, vuelven a tomar fuerza y tratan de salir de su prisión ya que tienen algo que dar al mundo y como consecuencia, se desata un conflicto tan instintivo como Divino por el que vale la pena luchar.

No es tanto una pelea de lo individual contra lo colectivo, sino de lo colectivo contra lo verdaderamente colectivo y esto último, no es otra cosa que Dios.

Mi deseo al escribir este libro es invitar a los lectores a que reflexionen a profundidad quiénes son y quiénes pudieron haber sido, pero no para que se entristezcan sino para que su energía se dirija a integrar las partes que le fueron arrebatadas a ese ser original que un día nació completo.

Tal vez haya cosas que hoy resulten prácticamente imposibles de llevar a cabo, pero hay todavía muchas otras por las que podemos luchar, confiando en que todo lo que nos haga falta lo obtendremos en el momento en que saltemos de esta vida a la próxima.

Por lo tanto, nuestra tarea es que vayamos a ese viaje ligeros de equipaje, al traer puestos la mayoría de nuestros dones y características, dejando en el costal lo menos posible.

Fe y valor son ingredientes necesarios, pero antes que podamos tener acceso a ellos tenemos que cubrir un requisito que no es otra cosa que rendirnos. Teniendo claro que rendición no es lo mismo que derrota, sino aceptación de la realidad.

La historia que van a leer, es simplemente una propuesta de la forma en que las personas podemos darnos mucho de lo que carecimos en algún tiempo de nuestra vida. Si alguno de ustedes quiere unirse, es bienvenido.

El Comienzo

Hacía un par de semanas de mi regreso a casa después de asistir a un retiro contemplativo cuyo tema principal fue el trabajo con los sueños y otras imágenes del inconsciente. Entre las expectativas, se había planteado la posibilidad de experimentar, psicológicamente hablando, un encuentro con "Lo Otro".

La tarde del segundo de los cuatro días que duró el taller, casi al terminar la reunión, se nos sugirió estar abiertos a la posibilidad de encontrarnos con lo otro a nivel personal y me dirigí por un camino que ya había recorrido con anterioridad en el que las ramas de los árboles, pinos en su mayoría, formaban un pasaje similar a un túnel al que alumbraban de manera cambiante cientos de pequeños rayos de luz provenientes del sol que se entrecruzaban hasta llegar al suelo.

Eran alrededor de las cinco de la tarde y la lluvia iba y venía alternativamente, por lo que las gotas de agua acumuladas sobre el pasto se metieron en mis botas y muy pronto mis pies tuvieron su bañera particular.

Caminé bastante tiempo y recorrí nuevos senderos, estaba deseoso de tener un encuentro inesperado aunque ya el día anterior me había cruzado con un par de venados que como yo, se asustaron por lo sorpresivo de nuestra cercanía.

Me fui internando en un camino que pensé me llevaría al Monasterio y la vegetación se fue haciendo más cerrada, lo que me indicaba que no era un lugar muy transitado, al menos por los humanos.

Seguí adelante y me encontré con unas huellas en el camino pero al llegar a una especie de depósito de leña, escuché un gruñido no muy lejano por lo que en menos de lo que lo estoy contando, di media vuelta y comencé a alejarme pues sin darme cuenta, estaba invadiendo un territorio que tenía dueño y en el que los visitantes, al parecer, no éramos bienvenidos.

De regreso me detuve en la entrada del túnel de ramas pero decidí tomar el sendero de la izquierda y quedé maravillado pues tras caminar tan sólo unos cuantos metros, me encontré en lo alto de una colina en la que había una pequeña banca de madera que me invitaba a sentarme y disfrutar de una infinidad de hojas pintadas con diferentes tonalidades de verde por el pincel de la madre naturaleza.

Me senté por supuesto, mientras a mis espaldas el follaje de los árboles danzaba al ritmo de las ráfagas de viento en el que viajaban velozmente miles de gotas de agua, con un sonido tan suave y tan lleno de vida que comencé a sentir en mi pecho la inquietud del que espera escuchar una voz por largo tiempo anhelada.

Una sensación de profunda tranquilidad se fue apoderando de todo mi ser y permanecí en ese sitio viendo, escuchando y oliendo infinidad de aromas hasta que sentí con una intensidad desconocida que estaba vivo y que no era un extraño, sino que tuve la seguridad de ser parte de la naturaleza. Esa experiencia sigue activa hasta el día de hoy.

Cuando los tonos del cielo gris se fueron haciendo más oscuros me levanté para descender hacia donde se encontraba mi cabaña. La noche se acercaba cautelosa procurando no asustar a nadie pues sabe muy bien que a su llegada, algunas criaturas del bosque se preparan para descansar, mientras otras apenas comienzan a salir de sus escondites para alimentarse.

Tuve que prender mi linterna para caminar los quinientos metros que me separaban de la capilla de piedra, parada obligada antes de llegar a mi refugio al que finalmente entré.

La oscuridad se había apoderado del territorio y sabiéndose soberana, condescendía con las pequeñas luces que brillaban por el revoloteo de las inquietas luciérnagas y a través de las ventanas de otras cabañas.

Cuando me quité las botas y la ropa mojada, me puse la pijama, prendí la chimenea y me senté en una mecedora mirando a través del ventanal hacia la pequeña terraza de madera en la que un semillero había estado todo el día alimentando por igual a pájaros y ardillas y, de pronto, distinguí una figura que se deslizaba sigilosamente entre los barrotes del barandal y volteaba de un lado hacia el otro, como buscando algo.

Se acercó poco a poco hacia donde yo estaba y aunque creo que no me podía ver pues la luz exterior estaba prendida, estoy seguro de que me percibía. El mapache, que eso era, dio vuelta a la terraza y desapareció rápidamente.

Al otro día, durante la reunión de la mañana en la que nos tocaba compartir pensamientos y experiencias de la noche anterior, platiqué de mi fugaz encuentro y el guía del retiro me dijo que probablemente ese animal estaba simbolizando mi encuentro con "Lo Otro", por lo que decidí no acudir a la reunión de la noche y deliberadamente me acomodé frente al ventanal, con la confianza de que me encontraría de manera consciente y planeada con él.

Esperé más de una hora hasta que el mapache comenzó a subir de nuevo a la terraza. Repitió la maniobra de voltear hacia todos lados y lentamente se acercó hasta donde yo estaba.

Con las luces apagadas y cuando solamente el vidrio estaba entre nosotros, lo vi claramente y sentí su mirada a través del antifaz del que jamás se despoja pues forma parte de su naturaleza. Husmeó unos instantes y desapareció al bajar del lado derecho la terraza, solo para aparecer momentos después por el otro lado.

El retiro terminó al día siguiente y regresé a mi hogar después de varias horas de viaje, con la expectativa de que algún acontecimiento futuro me señalaría la dirección en la que mi encuentro con lo otro, con el mapache y su simbología, se haría presente en mi vida cotidiana. No tuve que esperar mucho tiempo.

El proceso se reinició una madrugada en la que me levanté de la cama con la sensación de estar soñando, y a pesar de tener la seguridad de que había más cosas ocurriendo, lo único que recordé con claridad fue ver frente a mí un papel viejo y arrugado intrínsecamente relacionado con recibir, en el que dos palabras estaban anotadas: *"Severiani Hanani"*. Me volví a acostar y me propuse firmemente recordarlas al día siguiente pues no tenía papel y lápiz a la mano.

Al despertarme en la mañana, me dirigí a tomar una ducha y estando bajo el agua vino de nuevo el recuerdo de esas palabras. En cuanto tuve oportunidad las escribí en el buscador de la computadora y apareció el enlace hacia una página cuya única referencia decía: *"Bar Hebraeus. Chronicon Ecclesiasticum II"*.

Seguí profundizando en la búsqueda y anoté la referencia señalada, lo que me llevó a otra serie de enlaces en los que investigué hasta encontrar lo siguiente:

Bar Hebraeus fue un Obispo jacobita sirio, filósofo, poeta, gramático, médico, comentador bíblico, historiador y teólogo que nació en Meletinen, Armenia en 1226 y murió en Maragha, Irán en 1286. Fue el hijo de Aarón, un médico judío converso a la fe jacobita, de ahí su nombre de Bar 'Ebraya, "Hijo del Hebreo".

Bar Hebraeus, era señalado como monofisita y al investigar un poco más hallé que en los primeros siglos de la era cristiana no todo fue sencillo en cuanto a que surgieron varias corrientes que, de alguna u otra manera, divergían en ciertos detalles y concepciones de la naturaleza de Dios, razón por las que los considerados ortodoxos nombraron herejes a quienes no compartían su visión. Los monofisitas entraban en tal denominación.

Al explorar a los principales personajes y escritores monofisitas, surgió uno que atrajo mi atención pues su nombre era Jorge (640-724 D.C.). Su educación literaria era vasta e incluía a los Padres Griegos. Era seguidor de Santiago de Edesa, quien murió en el año 708 y había dejado sin terminar su poema en el Hexamerón, mismo que Jorge completó. En esta obra se enseña la Apocatástasis, o restauración de todas las cosas, incluyendo la destrucción del infierno que tantos Padres Griegos aprendieron de Orígenes.

La palabra apocatástasis llamó mi atención y comencé a buscar su significado que es, de acuerdo al propio Orígenes: "En el final de los tiempos, todos, pecadores y no pecadores, volverán a ser uno con Dios".

Esta idea, fue completamente rechazada por los grupos más poderosos e influyentes pues, de ser así, Lucifer tendría que ser perdonado, lo que para ellos era completamente inaceptable.

Así que de pronto y a partir de mi sueño, estaba haciendo contacto con una idea surgida en los primeros siglos de nuestra era con la que me identifico en gran medida, pues considero que la propuesta de que los seres humanos necesitamos llegar a ser quienes ya éramos en el principio de nuestras vidas, se relaciona con el término apocatástasis. Además, es innegable la coincidencia del nombre de unos de los escritores que defendió la idea de la restauración de las cosas, con el mío.

Haciendo caso de las circunstancias que se estaban presentando en esos momentos de mi vida a partir de mi sueño, decidí dejarme llevar y comencé a seguir el camino de su energía casi tal y como fuera surgiendo.

En mi mente se presentaron ideas y pensamientos acerca de para qué me sucedía todo esto, decidí entonces investigar un evento que fuese lo bastante antiguo y conocido para considerarlo como el origen de un patrón universal de la forma en que los seres humanos nos abandonamos a nosotros mismos y comenzamos a vivir en el infierno.

Algunos días después, llegó a mí el nombre de Luzbel y la historia del ángel preferido de Dios que tomó un camino que lo separaba completamente de su ser original y que, como castigo por su comportamiento, fue expulsado del cielo y condenado a vivir en la tierra, convirtiéndose en la energía dominante del infierno. Su nombre también cambió y se le nombró Lucifer o Satanás.

Entonces, pensé que los seres humanos también nos separamos de nuestro ser original porque así lo decidió una autoridad y somos, al igual que Luzbel, enviados al infierno para finalmente descubrir -si nos hacemos conscientes de lo que sigue viviendo en nuestro interior- que la vida no es otra cosa que el camino de regreso hacia el principio y consiste primero, en conocernos a nosotros mismos y después de cada descubrimiento aceptarnos lo más posible.

Sé que me estoy arriesgando a ser considerado un soberbio patológico pero quiero aprovechar una idea que no me pertenece a mí, sino que ha sido transmitida y aprendida por muchos seres humanos:

¡Las hijas e hijos de Dios, fuimos creados a su imagen y semejanza! Pero jamás llegaremos a ser sus iguales sino que, al final de nuestras vidas, simple y sencillamente nos reintegraremos a ese Ser Original del que somos parte desde el principio.

¡Apocatástasis

El Despertar

Hace un poco más de veinte años, un hombre abrió los ojos después de haber dormido por largo tiempo y tras unos momentos se percató de que todavía estaba soñando. Se veía a sí mismo parado en lo más alto de un peñasco frente a la azul inmensidad del mar.

El aire soplaba intensamente, alborotando sus canas e hinchando su ropa como velas. Las olas empujadas por el viento viajaban con rapidez, golpeando las rocas y deshaciéndose en miles de pequeñas gotas que salpicaban las grietas del acantilado que, como las arrugas de un rostro, el tiempo había creado.

El sol se encontraba justo a la mitad del horizonte y nadie habría podido distinguir, si se estaba elevando en un glorioso amanecer o si se hundiría en el océano para dar paso a su inseparable luna.

De pronto, el hombre aquél se dio cuenta de que entre sus manos tenía una caja de madera tallada cubierta de metal dorado e infinidad de pequeñísimas figuras de todo tipo; igual había casas que animales y personas. Piedritas que con la luz del sol lanzaban destellos de colores, enmarcaban lo que parecían ser diminutos escenarios.

Volvió a levantar la vista y se sintió increíblemente liviano, una inmensa sensación de paz y tranquilidad comenzó a penetrar todo su cuerpo. Nada había en ese momento que pudiera perturbarlo, se sintió en una completa armonía consigo mismo y con el universo.

Por un instante su mente, ansiosa de encontrar una razón clara le preguntó al hombre aquél lo que estaba sucediendo, pero él no le respondió. Así de grande era la felicidad y la alegría que experimentaba.

Permaneció ahí durante un tiempo y ni él mismo supo cuánto, pues el sol estaba inmóvil y nada cambiaba en el paisaje hasta que, de pronto, se despertó y aunque por un instante tuvo dudas éstas se disiparon pues ahora estaba acostado en la cama y Miranda, su esposa, dormía y roncaba plácidamente a su lado.

La sensación de alegría, paz y seguridad, permaneció con él por unos instantes más y no quería moverse pues pensó que tal vez al hacerlo todo se esfumaría. Volteó para ver el reloj, eran las 6:45 de la mañana y en pocos minutos comenzaría toda la actividad diaria. Ya no podía permanecer acostado.

Apagó el despertador para evitar que sonara y se sentó en la cama, bostezó ampliamente y se rascó la cabeza antes de ponerse las pantuflas para encaminarse al baño. Se asomó por la ventana y vio que la claridad del sol iluminaba las cumbres llenas de nieve de dos majestuosos volcanes que adornaban el paisaje.

La cotidianeidad del diario vivir se apoderó de su mente y de manera automática llevó a cabo todos sus rituales matutinos, esos patrones que los seres humanos vivimos, algunos más conscientes que otros y que, sin duda, son los caminos establecidos por la repetición y marcan el fértil terreno del cerebro como el cauce de los ríos.

Aunque Joaquín -así se llamaba el hombre aquél- era una persona introvertida, los azares del destino le consiguieron un empleo en el que trataba con infinidad de gentes pues se dedicaba a la asesoría de jóvenes en la Universidad.

Diariamente atendía un promedio de doce estudiantes que necesitaban apoyo y orientación en diversas situaciones con maestros, compañeros, materias y hasta con sus familias. La Universidad quedaba a un par de kilómetros de su casa y tenía por costumbre recorrerlos a pie.

Después de haber caminado la misma ruta por más de veinte años, conocía perfectamente a la mayoría de los vecinos, las casas y los comercios que en ella se encontraban.

Cuando regresaba a su hogar después de una jornada de trabajo alrededor de las cinco de la tarde, se detenía a tomar un café con el dueño de una tienda de antigüedades. Le encantaba enterarse de las historias que su amigo le platicaba acerca de los artículos que tenía en su negocio. Había escuchado relatos inverosímiles.

Esa tarde, al pasar por la tienda de Leopoldo, su amigo anticuario, se detuvo frente al aparador y pudo ver que había piezas nuevas que llamaron su atención. Más allá, observó a su amigo quitando el empaque a una gran caja de madera, de esas que llegaban a la tienda con infinidad de artículos que importaba de diferentes países. Cruzó entonces la puerta y se dirigió al mostrador.

Se saludaron efusivamente como todos los días y comenzaron a intercambiar los detalles de sus rutinas diarias para ver si descubrían algo fuera de lo común. Cuando algo diferente había ocurrido, lo festejaban con una pequeña copa de jerez que de tanto esperar corría el peligro de hacerse amargo.

La conversación entre los dos amigos fluía con facilidad pero de pronto Joaquín enmudeció y sus ojos se abrieron desmesuradamente, tal parecía que hubiese visto una aparición. Su amigo Leopoldo lo miró con curiosidad y le preguntó si se sentía bien pues estaba muy pálido.

Joaquín se le acercó lentamente, las palabras luchaban sin éxito por salir de su boca y su aliento casi se detuvo mientras el corazón le latía aceleradamente. No daba crédito, simplemente no lo podía creer.

¡Ahí, justo frente a sus ojos se encontraba la caja de su sueño! Entonces, se puso unos guantes y tomó la caja.

Al tenerla entre sus manos, una especie de corriente eléctrica recorrió todo su cuerpo. Sabía que esto no era pura casualidad y que algo estaba por ocurrir, pero no tenía ni la más mínima idea de lo que sería.

Joaquín preguntó: ¿Dónde la conseguiste Leopoldo? ¿De qué sitio viene esta caja? ¿Quién te la envió? ¿Cómo supiste de su existencia? ¿Es encargo de alguno de tus clientes? ¿Es muy antigua? ¿Ese metal que la cubre es oro? ¿Las piedras de colores son joyas?

Leopoldo estaba muy sorprendido y le dijo a su amigo:

- ¡Para, para, para! ¡No puedo contestar a todas esas preguntas al mismo tiempo! Algo te está sucediendo desde que viste la caja, pero hombre, ¿de qué se trata todo este jaleo?

Joaquín le respondió:

- ¡No lo puedo creer! ¡No lo puedo creer! ¡Tú tampoco lo podrás creer pero te juro que es cierto, es cierto! ¡Dios mío! ¡Oh, Dios mío! Y así permaneció por un par de minutos hasta que, poco a poco, se fue calmando.

Entonces, ingresaron varias personas a la tienda y su amigo Leopoldo lo dejó para atenderlas, al fin y al cabo, tenía que cuidar su negocio. Cuando los clientes se marcharon, Leopoldo se acercó a Joaquín que ya se encontraba un poco más tranquilo.

¡Bueno Joaquín!, espero que tengas una buena explicación pues simplemente no me imagino la causa de tu comportamiento. ¿Acaso viste un fantasma?

- ¡Cuenta, cuenta! ¡Vamos, cuenta!

- ¡Leopoldo, claro que te voy a contar!

Entonces, Joaquín le platicó a su amigo el sueño que había tenido el día anterior con lujo de detalles y a medida que el relato avanzaba, el propio Leopoldo comenzó a abrir los ojos. ¡Vaya! ¡Ahora entiendo lo que te pasa aunque no comprendo cómo ha sucedido!

En eso estaban cuando sonaron las campanas de la iglesia, lo que indicaba que eran las siete de la noche y las hijas de Joaquín acostumbraban cenar con él y con su esposa los miércoles.

¡Me marcho Leopoldo pero mañana nos vemos! ¡Por favor, guarda la caja como si de ello dependiera mi vida! ¡Nos vemos amigo mío! Y se despidieron con un fuerte apretón de manos.

Joaquín llegó a su casa, saludó a sus hijas que estaban en la cocina ayudando a su mamá a preparar todos los ingredientes adicionales para disfrutar de unas ricas quesadillas. Sus dos yernos estaban sentados en la sala viendo la televisión.

Eran un par de hombres buenos, trabajadores y educados que dejaban ver mucho del amor que sentían por las hijas de Joaquín y Miranda.

Todavía no tenían descendencia y seguían disfrutando de vivir en pareja con la libertad de ser responsables solamente de sí mismos y de cuidar de su relación. Se llevaban muy bien entre ellos y les gustaba viajar; con frecuencia lo hacían juntos los cuatro. De hecho, el fin de año pasado, Miranda y Joaquín estuvieron con sus dos hijas y sus esposos; pasaron unos días muy agradables y divertidos juntos.

La cena transcurrió alegremente, Joaquín había decidido guardar silencio en cuanto a su sueño, la caja y lo sucedido en la tienda de su amigo el anticuario. Tuvo que hacer un gran esfuerzo para que no se le notara lo emocionado y sorprendido que se sentía, prefería estar más seguro y enterado antes de contarle a alguien lo que estaba ocurriendo.

Esa noche al acostarse, dudó si pedir a quien hace los sueños que le diera más información o dejar que en el interior de su alma se siguiera desarrollando la energía que hizo que se materializara la caja de su sueño. Entonces besó a su esposa amorosamente y se dispuso a dormir.

Al día siguiente, al terminar su jornada de trabajo en la Universidad se dirigió presuroso a la tienda de antigüedades.

Leopoldo parecía estarlo esperando y apenas Joaquín entró por la puerta y sin decir palabra, se dirigieron hacia el estante en que Leopoldo guardaba los artículos más valiosos y sacando del bolsillo de su chaleco una llave, abrió el cajón y sacó la caja que su amigo había soñado.

Joaquín se puso unos guantes, la tomó delicadamente entre sus manos y lo invadió esa inimaginable mezcla de alegría, tranquilidad y seguridad. Era tan agradable que se la describió a su amigo.

Leopoldo lo observaba con mucha curiosidad pues nunca antes había visto así a Joaquín y poco a poco, se dio cuenta de que comenzaba a sentirse como él. Tal parecía que de esa pequeña caja emanaba una energía especialmente positiva.

Entonces, Joaquín comenzó a lanzar las mismas preguntas de la noche anterior pero comenzó a reírse y dijo: ¡Vaya, estoy como ayer! Tengo que ser un poco más paciente y ordenado con mis cuestionamientos si no, te volveré loco ¿no es cierto? Y los dos amigos se rieron alegremente.

Mira, dijo Leopoldo, cuando te fuiste anoche revisé la lista de todos los artículos anotados en el pedimento de la aduana y lo más increíble es que la caja de tu sueño no está anotada. ¡No tengo la menor idea de cómo ha llegado hasta aquí!

Por supuesto que yo no la he comprado y como te habrás dado cuenta, ignoro cómo llegó a la caja de mi pedido. Le pregunté a mi asistente si ella la había solicitado para alguno de nuestros clientes o de los profesores de la Universidad, pero no es así.

A decir verdad, Luisa ha trabajado conmigo tantos años y le tengo tanta confianza que en algunas ocasiones no veo los reportes de pedidos. Además, los mosqueteros envejecen y comienzan a tener distracciones y olvidos. ¿Te ha pasado Joaquín? ¡Y ambos soltaron una carcajada!

Por la mañana llamé a la agencia aduanal que me atiende para preguntar lo que se tiene que hacer cuando llega

Me extraño a mí mismo

un objeto que no se ha pedido y que tal vez pertenezca a otra persona. Me dijeron que se hace un reporte y que en un plazo de entre ocho a doce semanas se obtiene una respuesta.

Si nadie reclama el objeto, lo que es prácticamente imposible, lo puedes conservar. Ya levanté el reporte, ahora solo nos queda esperar.

- Leopoldo no te creo, ¿me estás hablando en serio? ¿Tú no pediste la caja?

- No Joaquín, estoy igual de sorprendido que tú pero ¿sabes una cosa?, voy a hacer un recibo para prestarte la caja y te la puedas llevar a casa. Dentro de dos o tres meses sabremos si se queda contigo o hay que devolverla. ¿Qué te parece?

23

El Sueño y la Realidad

Joaquín salió de la tienda de su amigo, caminaba apresuradamente pues deseaba llegar a casa para tener la caja de su sueño entre sus manos otra vez.

El recorrido desde la tienda de antigüedades se le hizo eterno y suspiró con alegría al dar vuelta en la esquina y encontrarse en el pórtico de su hogar. Tan rápido como pudo metió la llave en la puerta y al entrar se dirigió a la habitación que hacía las veces de estudio y biblioteca.

Para él, esa habitación era un refugio al que cotidianamente acudía, más aún, cuando estaba inquieto o preocupado. Al estar ahí, se sentía completamente tranquilo, era su lugar seguro.

Sus libros estaban acompañados de una nutrida colección de objetos que fue reuniendo como recuerdo de casi todos los lugares que, por alguna u otra razón, había conocido.

No eran artesanías ni nada similar y siempre contestaba a quienes le preguntaban por tal o cual figura: ¡Simplemente, hay algo en cada uno de esos objetos que ha llamado mi atención! ¡No es que yo los buscara, más bien, estoy seguro de que ellos me encontraron!

Pasó un rato caminando por aquí y por allá, estaba seguro de que la caja de su sueño le indicaría el sitio en que querría estar.

Ver cada uno de los objetos de su colección le causó un gran placer. Las memorias venían rápidamente a su consciencia y de pronto, descubrió reflejada en el vidrio de una de las ventanas de la habitación su propia cara y en ella, había una enorme sonrisa.

En ese momento supo que la mesa situada precisamente bajo esa ventana era un buen sitio. Se puso los guantes que le había dado Leopoldo y sobre la pequeña mesa de alambrón con cubierta de nácar colocó la caja de su sueño. Después, se sentó frente a ella para admirarla y como había ocurrido anteriormente, lo invadió esa ahora conocida mezcla de alegría, paz y seguridad.

Al poco rato llegó Miranda y Joaquín salió a la sala para recibirla y después de saludarla efusivamente le dijo que quería platicarle algo muy serio. Ella se preocupó por un momento pues la expresión que su esposo tenía en el rostro sólo la había visto en contadas ocasiones. Ansiosa lo apresuró para que le dijera lo que sucedía.

¡Miranda, siéntate y escucha atentamente! Por favor no me interrumpas hasta que termine y después pregúntame lo que quieras. Algo increíble me está sucediendo a partir de un sueño.

Ella lo escuchó y aunque varias veces al inicio quiso cuestionarlo hizo un esfuerzo y se contuvo. Entonces, se dio cuenta de que a medida que su esposo le platicaba lo sucedido se había quedado muda y por eso, cuando el relato llegó a su fin, lo único que balbuceó fue: ¿En dónde…dónde está esa caja?

Joaquín se levantó y la tomó de la mano para conducirla hasta la biblioteca. Una vez ahí le dijo: ¡Esposa mía estoy seguro de que la vas a descubrir! ¡Sé que atrapará tu mirada y sentirás lo positivo de su energía! ¡Anda, date una vuelta por la habitación!

Miranda tuvo dudas por unos segundos pero acostumbrada a lo que ella llamaba "las locuras de mi marido", comenzó a recorrer la habitación hasta que de pronto, al pasar frente a la ventana que da al oriente, le pareció escuchar su nombre.

Volteó hacia Joaquín deseando que él también hubiese oído la voz pero no, él solamente la veía con una gran sonrisa. Eso le confirmó que solamente ella podía escucharla y la oyó de nuevo: ¡Miranda…es por aquí! ¡Sí… aquí estoy! ¡Miranda…aquí, casi me puedes tocar!

Volteó hacia el sitio del que provenía la voz y quedó deslumbrada ante la belleza de una pequeña caja de madera labrada, cubierta de metal dorado e infinidad de pequeñísimas figuras de todo tipo, igual había casas que animales y personas. Piedritas que bajo la luz lanzaban destellos de colores, enmarcaban lo que parecían ser diminutos escenarios.

Permaneció inmóvil admirando la caja del sueño de Joaquín. No podía articular una sola palabra y así estuvo por varios minutos hasta que su esposo la tomó de la mano y la sacó del trance en que se encontraba.

- ¡Joaquín, es maravillosa! ¡Nunca he visto algo similar! ¡Parece mágica!

Después de unos momentos se tomaron de la mano, salieron de la biblioteca y se dirigieron a la cocina a preparase una rica cena italiana que acompañaron con una botella de vino que habían estado guardando para una ocasión especial. Platicaron más acerca de la aparición en el mundo material de la caja del sueño de Joaquín y de lo que vendría a continuación.

Surgieron varias teorías y en ellas se metieron hasta que las campanadas de un reloj de pared, los hicieron conscientes de que ya era la una de la mañana. El tiempo había transcurrido muy rápido y la plática los había hipnotizado.

Se levantaron de la mesa y subieron a su recámara para comenzar los rituales correspondientes a la noche. Al terminarlos se metieron a la cama dispuestos a dormir profundamente. Joaquín le recomendó a Miranda estar atenta por si algún sueño surgía. Él, como otras veces, hizo una petición mientras se imaginaba cruzando el umbral de una vieja hacienda.

Quien hace los sueños escuchó la petición de Joaquín en la que éste solicitaba información acerca de lo que tenía que hacer con la caja y decidió responderle de una manera tan clara, como poco usual.

Joaquín se levantó la mañana siguiente y no recordaba con claridad qué había soñado, pensó que tal vez tendría que hacer su petición varias veces. Él sabía que después de pedir hay que esperar una de tres respuestas:

La primera es sí, y entonces se recuerda un sueño o se recibe una señal casi inmediatamente. La segunda es no, y entonces nada sucede ni se recuerda un sueño. La tercera respuesta es, espera un poco y requiere de fe para insistir.

Después de despedirse de su esposa bajó las escaleras, ya se le hacía tarde para iniciar su recorrido hasta la Universidad pero no se habría perdonado irse sin hacer una rápida escala en la biblioteca y echar un vistazo a la caja. En ese preciso momento, vino a su mente un recuerdo de su sueño en el que había escuchado varias veces la palabra "toca".

Así las cosas se paró frente a la ventana, se puso los guantes, estiró el brazo y con su mano izquierda, de entre todos los pequeños escenarios que estaban grabados en la caja, tocó el de una cuna.

Inmediatamente se sintió tremendamente ligero, liviano como una pluma y llegaron a él varias imágenes que no le eran desconocidas pero que nunca había recordado hasta ese momento.

Estoy en un sitio muy pequeño y oscuro, me siento extremadamente incómodo pues no me puedo mover para ningún lado. ¡Escucho ruidos desconocidos y solamente puedo identificar una voz pero está muy agitada!

Yo casi no puedo respirar y por más que intento acomodarme no lo logro. Me siento desesperado y de pronto noto que algo me toca; enseguida oigo muchas voces que están cada vez más cerca. ¡Estoy asustado mi corazón late con fuerza y más rápidamente!

De pronto siento que algo me levanta y al mismo tiempo tengo tanto frío que comienzo a temblar. A pesar de que ahora me puedo mover, no puedo respirar y siento que me ahogo.

¡No, no estoy respirando…entonces, recibo un golpe en las nalgas! ¡Es tan grande el susto que con un grito comienzo a llorar y el aire llena mis pulmones nuevamente!

Me siento aliviado pero hay una luz tan intensa que no puedo abrir los ojos, solamente escucho mi llanto, voces y risas. Después, alguien me envuelve todo el cuerpo y comienza a frotarlo lo que resulta extraño y *agradable, pero enseguida algo se introduce por mi boca*

y llega hasta mi garganta haciendo ruido.

¡No sé lo que me está pasando y tengo mucho

miedo pues, hasta hace poco, me encontraba en un lugar

calientito, suave y tranquilo, aunque ya no cabía!

Al poco rato vuelvo a sentir esa conocida sensación

de húmeda calidez que rodea todo mi cuerpo y aunque

sigo asustado, la disfruto hasta que de nuevo vuelven a

frotarme. Sigo teniendo frío, no he parado de temblar.

Me siento muy cansado y tengo sueño pero no estoy

seguro de poder dormirme.

Estoy angustiado desde hace un rato y ahora me

colocan cerca de esa voz que reconozco, algo me estrecha

y su cercanía es tan agradable y conocida, que me

tranquilizo. Ahí estoy no sé cuánto tiempo hasta que dejo

de oír esa voz pues el sueño me gana y por fin me duermo.

Sin darse cuenta, Joaquín retiró su mano de la caja y

en ese momento volvió a la biblioteca. Creyendo que había

transcurrido mucho tiempo y sin entender lo sucedido miró

su reloj preocupado, pero descubrió que la manecilla se había movido solamente unos segundos.

Se preguntó entonces, ¿será ésta la respuesta? ¿Cada vez que toque la caja llegarán imágenes que conozco y no recuerdo? ¿Son parte de mi vida? Con esos pensamientos se dirigió hacia la puerta de su casa para emprender la caminata hacia el trabajo.

Cuando un trayecto ya es muy conocido se puede recorrer con el "piloto automático conectado" y así justamente le sucedió a Joaquín, pues de pronto se encontró frente al acceso de la Universidad.

Se dirigió hasta su oficina con la actitud de alguien distraído, lo que era poco usual en él ya que generalmente saludaba a todas las personas que encontraba a su paso. Era una persona muy popular y apreciada. Por eso, extrañados se preguntaron, ¿qué le habrá pasado a Joaquín?

La jornada de trabajo transcurría sin ningún sobresalto y ese día tuvo muchas citas. Cuando llegó la hora de comer, contrario a lo habitual, decidió encargar algo a la cafetería de la Universidad y se quedó en su despacho.

No se piense que estaba triste o preocupado sino todo lo contrario. En él se había despertado una gran curiosidad y se preguntaba ¿Quién me ha escogido para vivir esta experiencia? ¿Para qué me estarán dando esta oportunidad?

Al sonar el timbre anunciando la hora de la salida, Joaquín revisó la agenda para hacer planes y guardó algunos expedientes que había sacado durante el día. Tomó su portafolio y cerró su oficina.

Se despidió de su asistente y ahora sí, como siempre, de todas las personas que iba encontrando en el recorrido por los pasillos hasta la puerta de la Universidad.

No se detuvo en la tienda de antigüedades puesto que esa noche Miranda y él, se verían con Leopoldo y su esposa Pilar para celebrar el aniversario número treinta y cinco del matrimonio de sus amigos.

Habían hecho una excelente amistad y compartían más que algunos gustos. Los cuatro se tenían confianza y conocían mucho de la vida, de las alegrías y de las situaciones difíciles de cada uno de ellos.

Leopoldo había quedado de comprar boletos para asistir al teatro y después cenar en un pequeño restaurante al que acostumbraban ir en ocasiones especiales pero ese día, por estar pensando en la caja del sueño de Joaquín, se olvidó por completo y le pidió a su asistente que cerrara la tienda pues iría a comprar una nieve de pistache al parque cercano.

Cuando llegó, Leopoldo fue al carrito del viejo heladero al que conocía desde los doce años y preparaba las mejores nieves de la ciudad.

Después de saludarlo y comprar su barquillo, se sentó en una de las bancas a disfrutarlo y no pasaron más de diez minutos cuando sonó el teléfono celular, lo sacó del bolsillo y vio en la pantalla que era Pilar, su esposa, que le preguntaba en dónde se había metido pues estaba esperándolo frente a la tienda.

En ese momento se dio cuenta de su distracción y se disculpó con ella, confesándole por teléfono y mientras caminaba de regreso, que se le había olvidado que pasaría por él y además no había reservado las entradas del teatro. ¡Bueno, dijo ella, tal vez todavía encontremos sitio!

La suerte estaba de su lado pues cuando llegaron a la taquilla el boletero les dijo que ya se habían agotado las entradas pero por increíble que parezca, un hombre se acercó diciéndoles que tal vez les interesarían los lugares que él iba a regresar.

Pilar y Leopoldo se voltearon a ver pues ese era un golpe de suerte que resolvía la situación y sin dudar, le pagaron los boletos al desconocido que se alejó rápidamente.

A los pocos minutos llegaron Joaquín y Miranda. Se saludaron y después entraron al teatro. Los lugares estaban en el centro de la sala y en la octava fila. Joaquín le dijo a Leopoldo: ¡Oye, habrás reservado estos asientos con mucha anticipación, son excelentes! Entonces, Pilar volteó hacia su marido y los dos sonrieron sabiéndose cómplices.

Leopoldo le entregó a Joaquín el panfleto de la obra teatral, y éste, al recibirlo, dijo a sus amigos: ¡Vaya, qué curioso! Ni siquiera me fijé en el nombre de la obra y resulta que es Apocatástasis.

- ¿Acaso ya la vieron? Preguntó Pilar.

- No, no es eso, contestó Joaquín. Seguramente recuerdan que hace unas semanas fui a un retiro y a mi regreso tuve un sueño a través del cual conocí el origen y el significado de esa palabra para mí muy extraña entonces, pero de gran importancia ahora.

¿En verdad Joaquín? Preguntaron Pilar y Leopoldo casi al mismo tiempo. Sí, pero tendrán que esperarse a escuchar esa historia cuando vayamos a cenar, pues creo que en breve empezará la función.

En ese momento, por el sonido del teatro se escuchó: ¡Tercera llamada...tercera! ¡Comenzamos!

El tema principal de la obra, eran los esfuerzos de un individuo por recuperar todos los aspectos de sí mismo que había perdido. Los había estado buscando por todos los sitios imaginables sin encontrarlos, pero algo le decía que le hacían falta cuando por las mañanas se miraba en el espejo.

Alberto, -así se llamaba el personaje principal de la obra- se sentía muy solo y a pesar de relacionarse con un considerable número de gente, invariablemente tenía la sensación de no pertenecer a ninguno de los grupos a los que se trataba de integrar.

Después de un rato, alguien tenía actitudes que le molestaban y todo el encanto desaparecía, sumiéndose entonces en un estado depresivo que resolvía conociendo a otras personas.

Un día que caminaba por la calle se encontró de frente con un gran espejo que cargaban dos hombres y se vio de cuerpo entero. Aunque eso no era algo nuevo, esta vez la experiencia fue diferente pues jamás se había visto de esa manera y lo que observó no fue de su agrado, pero, ¡oh, sorpresa!, después de un rato percibió que esa desagradable soledad que tanto lo hacía sufrir, comenzaba a desaparecer.

Desde entonces aprovechaba todas las oportunidades que tenía para mirarse en un espejo, pero no con esa intención de idolatría, autocomplacencia y admiración para sí misma de una persona narcisista, sino con la enorme curiosidad de descubrir partes de él que desconocía y que, por cierto, eran fáciles de reconocer en otras personas que sin él saberlo, le reflejaban su interior.

Al salir del teatro, mientras esperaban que el valet trajera sus automóviles comentaron lo insólito de la obra. Después, se dirigieron al restaurante para cenar y brindar con un buen vino por el aniversario de sus amigos y la felicidad.

Una Nueva Experiencia

A la mañana siguiente, Joaquín se levantó pensando en la conferencia que estaba organizando en la Universidad para todos los alumnos de nuevo ingreso.

En más casos de los esperados, los muchachos se inscribían para estudiar una carrera y la abandonaban dos o tres semestres después. La investigación de tal fenómeno indicó que los jóvenes se habían dejado influir para hacer su elección, por cumplir los sueños de otras personas la mayor parte de las veces.

Miranda ya le había avisado que el desayuno estaba casi listo y Joaquín bajó directamente a la biblioteca para estar unos instantes en la presencia de la caja de su sueño. Se acercó a la mesa, se puso los guantes y tocó la imagen de una familia sentada alrededor de una mesa.

En ese instante comenzó a sentirse ligero, tan liviano como una pluma y entonces, aparecieron en su mente las siguientes imágenes:

Estoy sentado en el comedor, son las dos de la tarde y mi padre está próximo a llegar, la tensión es tremenda pues voy a revelar a mi familia que los he estado engañando al decirles que voy a la universidad. Lo que realmente he estado haciendo los últimos ocho meses es no acudir a clases. La angustia está en todo mi cuerpo, el estómago vacío y las manos sudando. La espera es interminable.

Se abre la puerta de la casa, llega mi padre y mi mamá nos invita a sentarnos a la mesa para comer. Mi relación con ellos no está muy bien aunque ni siquiera sospechan la sorpresa que van a recibir dentro de unos momentos.

Ya no puedo más, les digo lo que ha pasado pues no hay manera de seguir mintiendo. Mi padre me lanza una mirada llena de enojo y decepción. Mi madre no sabe en dónde meterse, tal parece que ella se siente culpable por mi comportamiento.

Mi padre no dice nada y sigue comiendo, yo estoy esperando un gran regaño pero al terminar se levanta y se va a su recámara. Mi mamá lo sigue y mi hermana y yo permanecemos sentados en la mesa del comedor.

Por extraño que parezca -o tal vez no tanto- el haber confesado me provoca una sensación de alivio, pero pronto es sustituida por otra de profunda culpa y arrepentimiento.

- ¡Apúrate Joaquín! Era la voz de Miranda y con ella, volví a la biblioteca.

Durante el desayuno casi no hablé, seguía impresionado por el recuerdo de esa etapa de mi vida. Mi esposa me preguntó acerca de mi mutismo y brevemente le conté acerca de mis imágenes.

Su contestación fue: ¡Vaya! Esa caja resultó muy reveladora, ¿no crees? Tal vez con su ayuda voy a enterarme de cosas de tu vida que no me has contado. El tono pícaro y la gran sonrisa de Miranda diluyeron mi conmiseración y me uní a ella, riéndome también.

En la universidad, el trabajo de esa mañana a diferencia de los días anteriores estuvo tranquilo afortunadamente, pues me estaba resultando bastante difícil concentrarme y hacer a un lado los recuerdos evocados por la caja de mi sueño.

Comencé a preguntarme, ¿en qué momento me convertí en un joven mentiroso e irresponsable?, sobre todo porque desde que comencé a estudiar y hasta antes de ingresar en la vocacional, fui un alumno brillante y obtuve premios especiales por mis calificaciones.

Recordé que cuando cursaba el último año de la primaria habían surgido serias dificultades en mi hogar. Por esas fechas, mi madre entró en una profunda depresión y pasaba días enteros acostada en su recámara, llorando.

Cuando llegaba mi padre al mediodía, los oía discutir a lo lejos pues a pesar de que me acercaba a la puerta de su recámara, no distinguía lo que hablaban.

Mi relación con él era distante, no tengo muchos recuerdos de platicar o de jugar juntos. Era muy alto, fuerte y violento. Tenía una de esas miradas que cuando son dirigidas hacia una persona causan miedo, pero a un niño de diez u once años, lo aplastan y le provocan una sensación de profundo temor.

En algunas ocasiones me contaba que así era su propio padre, como si se estuviera justificando, y a pesar de que en sus relatos mencionaba todo lo que había sufrido con esas actitudes, las estaba repitiendo conmigo.

Recordé también que cuando cursaba el tercer año de la Secundaria, la situación económica de la familia había venido a menos y un día, mi mamá me dijo que mi padre había perdido uno de sus dos empleos y que nos tendríamos que mudar a una casa más chica.

Para mí eso no significó molestia alguna, sobre todo porque años atrás ya habíamos habitado en ella y, además, estaba a unos cuantos pasos de la escuela. Lo que sí resultó muy doloroso es que antes de terminar ese año escolar y de forma repentina, nos fuimos a vivir con mis abuelos maternos.

Recuerdo que no había dinero para contratar un camión de mudanzas y una compañera me dijo: ¡Oye Joaquín, ya vi que se están cambiando en la carreta del carbonero! Y burlándose, soltó una sonora carcajada. Me sentí profundamente lastimado

Por años había escuchado que nosotros éramos mejores, aunque yo jamás pensé que había tomado ese comentario como cierto pues conocía la situación real y tenía amigos de todos los estratos sociales, de hecho, para mí esas diferencias no existían.

Recuerdo con claridad que al oír el comentario de mi compañera no supe qué contestarle sin embargo, en ese momento, lleno de coraje pensé: ¡Algún día haré que te tragues tus palabras!

Desde entonces, la burla es como un cuchillo que penetra en mi corazón y abre una de mis heridas más profundas, sobre todo porque yo no había sido responsable de la situación económica y mucho menos de los líos (me enteré de ellos tiempo después) en que mi padre se había metido.

Después de vivir en una casa con muchas comodidades y meses más adelante en una que era más pequeña pero que también era cómoda y funcional, llegamos a vivir en un espacio junto al negocio de mi abuelo. Había una pequeña sala en el frente y por ahí se tenía acceso a dos recámaras pero no había puerta que las separara, sino solamente unas cortinas de tela.

En la primera habitación dormían mis padres y en la segunda, que estaba pegada a la bodega en donde mi abuelo guardaba todos los materiales de su negocio, dormíamos mi hermana y yo. No había comedor y tampoco agua caliente.

En las mañanas, antes de ir a la escuela me calentaba una taza de leche con chocolate en una parrilla eléctrica pero muchas veces, el calor la había echado a perder. Recuerdo todavía ese sabor agridulce.

De hecho, en esos días mi madre entró a trabajar en una tienda de ropa para niños. Desconozco la realidad pero ella se quejaba de la cantidad de trabajo y por las noches, llegaba a acostarse. Tal vez todavía no acababa de salir de su depresión. Viviendo ahí terminé la Secundaria.

En esos tiempos, tener amigos y compañeros que en nada habían cambiado su trato para mí fue muy reconfortante, pero ahora tenía que continuar con el Bachillerato y no sabía con certeza si mi padre podría pagar una colegiatura.

Como él acababa de conseguir un empleo en una institución educativa del gobierno, ni siquiera hubo alguna plática para hablar del asunto sino que simplemente me indicó que en unos días tendría que presentar el examen de admisión.

Haber salido de la Secundaria con las mejores calificaciones de mi generación, y recibir un diploma especial que solamente se había entregado una vez anterior en todos los años de actividad de la escuela me hizo sentir muy confiado y así, días después me presenté al mencionado examen. En la noche, mi padre me preguntó que cómo me había ido y le dije: ¡Bien, papá, estuvo fácil!

Una semana más tarde llegó muy enojado diciéndome que había reprobado el examen de admisión pero que gracias a él, que estaba trabajando en ese instituto y tenía una buena relación con el director, me aceptarían. Ese fue un golpe muy fuerte aunque para ser honesto, no creí nunca en sus palabras.

De pronto me encontré en una escuela en la que mis compañeros estaban más "vividos" que yo. No conocía a nadie, era el güerito y comencé a vivir cierto tipo de agresiones verbales.

Me sentía muy solo y como pude me fui adaptando a la nueva escuela que se especializaba en las áreas tecnológicas y esa no era una opción que yo habría considerado, de hecho, a mi edad muchos jóvenes ya sabían qué estudiar pero ese no era mi caso, yo ni siquiera había pensado qué quería ser en el futuro.

Casi al terminar el primer año tuve una novia y en medio de mi soledad, ella se convirtió en algo muy importante hasta que una noche en que acudí a visitarla, su mamá salió y me dijo que se había tenido que quedar a trabajar en el banco y que no sabía la hora en que regresaría.

Al día siguiente, ella me dijo que quería terminar nuestra relación pues volvería con su novio anterior y por varios fines de semana la vi con sus amigas, pero jamás volvió con él. Nunca supe la verdad pero de nuevo me había quedado sin algo que deseaba.

Terminé la educación vocacional en esa institución y entré en una especie de vacaciones forzadas. Mi padre estaba viviendo en otra ciudad por motivos de su trabajo y la situación económica había mejorado desde hacía unos meses. De hecho, había escuchado a mi madre decir que pronto dejaríamos el espacio en que vivíamos junto a casa de mis abuelos.

En una de las ocasiones en que viajó mi padre a visitarnos, me preguntó si ya sabía que estudiar. Por supuesto que no lo sabía, pero me sentí muy avergonzado y sentí una gran presión pues no quería hacerlo enojar, entonces, simplemente le contesté: Administración de Empresas.

Días después mi padre había rentado una casa y me asignaron la tarea de cuidarla pues comenzaron a comprar muebles y temían que al estar vacía, alguien pudiera robarlos.

Todas las noches, durante el siguiente mes, dos de mis compañeros de la secundaria y el hermano mayor de uno de ellos iban a la nueva casa y como ya estaba ahí el mueble de la cantina lleno de diferentes botellas, las bebimos una por una hasta que se acabaron.

Beber era algo novedoso para mí, solamente lo había hecho una sola vez antes en la fiesta de los quince años de la hermana de uno de mis compañeros de la escuela vocacional.

En esa ocasión tomé un par de copas de ron y los efectos fueron tales, que recuerdo sentirme tan contento que corrí y me lancé a un montículo de arena que estaba en una construcción, junto al salón de la fiesta.

Esta vez fue diferente pues tras beber unas copas nos salíamos los cuatro a caminar por el boulevard junto al mar, y recorríamos varios kilómetros para regresar después.

Al terminar el mes, mi madre, mis hermanas y yo nos cambiamos a la nueva casa y, entonces, varios muchachos amigos de la mayor (la otra tenía un año) y alguno que otro de sus pretendientes, comenzaron a visitarla. Me hice amigo de varios y "la fiesta", aunque de forma diferente, se prolongó un mes más.

Ahora ya no iba a caminar, sino que todas las noches ese grupo se reunía y con cualquier pretexto compraban licor y nos dedicábamos a beber y a llevar serenatas a las novias de la mayoría de ellos.

Mi soledad desapareció al igual que mi timidez con el sexo opuesto y disfruté mucho hasta que una noche, recibí la llamada de mi padre diciéndome que al otro día debía viajar a la ciudad en la que él vivía. Ya me había conseguido lugar para entrar a una preparatoria en la que cursaría las materias que en la vocacional no había, pero que eran necesarias para poder entrar a la Universidad.

De nueva cuenta, todo volvía a cambiar sin realmente haber platicado a fondo con mi padre y él seguía manejando mi vida sin preguntar mi opinión. Cada vez era menos dueño de mi futuro y, de hecho, creo que desde hacía varios años ya no pensaba en él, pues con la forma en que los cambios habían venido sucediendo, al menos para mí, ese ya no era un lugar seguro.

Un buen ejemplo es que estuve en un lapso de dos años inscrito en tres universidades diferentes y a la última, fui admitido sin saber cómo pues presenté el examen de admisión en ella, creyendo que lo había hecho en otra.

Estaba con esos recuerdos cuando de pronto llamaron a la puerta de mi oficina. Era una estudiante de tercer semestre de Odontología que pidió una cita para asesoría.

- ¡Adelante, Maricruz! ¡Pasa y siéntate!

- Dime, ¿en qué te puedo servir?

- Joaquín, necesito que me oriente. ¡Me siento infeliz por lo que estoy estudiando!

¡No pude más que sonreírme! ¡Así es la vida!

Aprender a Separarse

En la mañana, Joaquín observó por el rabillo de su ojo izquierdo el despertador. Eran apenas las ocho y sintió un poco de disgusto pues los sábados no acudía a la Universidad. Se quedó acostado un rato más viendo el techo de su recámara y sin moverse mucho, no quería que Miranda se despertara todavía.

Recordó la plática que había sostenido con Maricruz acerca de cambiar de carrera. Una de las preguntas que Joaquín le había lanzado a la alumna se refería a la forma en la que ella se podía imaginar a sí misma dentro de cinco o seis años, una vez que hubiese concluído sus estudios.

Maricruz le respondió que no se imaginaba sacando dientes y tapando muelas picadas. De hecho, le dijo que ella había padecido mucho por su mala dentadura y que después de estar cursando ciertas materias en las que personas de bajos recursos accedían a servir como una especie de "conejillos de indias", se dio cuenta de que prefería dedicarse a otra cosa pero todavía no estaba segura.

- Dime Maricruz, ¿por qué razones decidiste inscribirte a Odontología?

- La verdad es que mis dos padres son dentistas muy reconocidos y por muchos años desde que era pequeña, los escuché decir: ¡Ojalá alguno de nuestros hijos quiera seguir nuestros pasos!

- ¿Quisiste complacerlos y por eso te inscribiste en esa carrera?

- ¡Les debo mucho Joaquín, ellos han sido unos padres excelentes que siempre nos han apoyado a mi hermano y a mí! Creo que estudiar lo que ellos desean, aunque nunca fue una petición directa, es una buena forma de agradecerles todo y hacerlos felices.

- Pero ya te diste cuenta de que tú no naciste para eso ¿verdad?

- Pues sí, pero quiero ver si usted me ayuda a encontrar más razones que esa para seguir adelante y llegar a ser una buena dentista.

- Lo que me estás pidiendo Maricruz es algo que no haría ni por todo el oro del mundo. Lo más importante de mi trabajo es ayudarte a que te enfrentes con todo lo que te impida llegar a ser quien realmente eres.

- Joaquín tengo mucho miedo de que mis padres se decepcionen. ¡Yo quiero que estén orgullosos de mí!

- ¿Aunque te vaya la vida en ello Maricruz?

- ¡Es que me invade la culpa nada más de pensarlo!

- Te voy a hacer dos preguntas: ¡Dime, siendo lo más honesta que puedas ser contigo misma!

- ¿Cuál es la carrera que tú deseas estudiar? ¿Te puedes ver en el futuro siendo eso que quieres?

Maricruz comenzó a esbozar una sonrisa a través de la fachada de tristeza y preocupación con la que había iniciado nuestra plática y sin pensarlo mucho tiempo dijo: ¡Me veo diseñando grandes edificios, llenos de luz y jardines, con todas las comodidades modernas!

- Te diré algo: ¡Será muy, pero muy difícil acomodar siquiera un ladrillo, un foco o una maceta dentro de la boca de cualquier ser humano!

- ¡¡¡Ja, ja, ja!!! ¡Nos reímos muy fuerte por mi comentario!

- Tus padres te quieren Maricruz y aunque ellos desean "en secreto" que tú o tu hermano sean dentistas, lo que más felices los puede hacer es que tú estudies lo que realmente quieres. ¡Todos tenemos que luchar por crear nuestro futuro, que no te quepa duda de esto!

- Ya sé que piensas que has desperdiciado tres semestres, pero estás muy joven y vale más abandonar a tiempo un barco que se va a hundir que permanecer en él a sabiendas que no tiene futuro.

- ¡Está bien Joaquín, estoy de acuerdo con usted y creo que tiene mucha razón! ¡Pero qué difícil!

- ¡Sí Maricruz, muchas veces es difícil ser valiente y dejar que los demás te conozcan realmente, pero la recompensa de no traicionarse a uno mismo no se compara con nada!

- Realmente te ves en el futuro como arquitecta, ¿cierto?

- ¡Sí Joaquín y muy buena!

- ¡Pues apúrate entonces! ¡Hace años que mi esposa y yo estamos ahorrando, a veces pensamos que para irnos de viaje y otras veces para construir una casa nueva, así que no te aseguro nada pero puede que ya tengas tus primeros clientes!

¡Cuando Maricruz salió de mi oficina su sonrisa no le cabía en la cara!

Y es que todas las personas tenemos cualidades que nos hacen ser tan hábiles en determinadas situaciones, como torpes en otras.

De pronto al escuchar una voz di un salto en la cama:

- ¿De qué te ríes Joaquín?

- ¡Miranda, buenos días!

- ¡Dicen que el que sólo se ríe, de sus maldades se acuerda!

- ¡Ja, ja, ja! ¡Este caso es una excepción! Sin dudarlo le conté la causa de mi sonrisa y al terminar nos levantamos para preparar el desayuno. Este sábado le tocaba a ella pues nos turnábamos y así, mientras uno se metía a bañar, el otro cocinaba.

Cuando terminamos de disfrutar de una rica tortilla de huevos con papas me puse a lavar los trastes mientras Miranda, acomodaba los alimentos en el refrigerador y preparaba la lista de faltantes. Hoy era día de ir al supermercado.

Esa noche estábamos invitados a la boda de la hija de una de sus mejores amigas y, por supuesto, la visita al salón de belleza era poco menos que obligada.

Así las cosas, después de ir a realizar las compras la dejé arreglándose su cabello y como en tal proceso hay que invertir al menos dos horas, me dirigí a la casa para ver por televisión el partido semifinal de un torneo de tenis muy reconocido a nivel mundial.

Al llegar a casa fui directo al refrigerador con la intención de tomar un refresco para mitigar la sed y en el trayecto no pude evitar voltear a ver la caja de mi sueño. Entonces entré a la biblioteca.

Sin pensarlo mucho me puse los guantes y extendí mi brazo para tocarla. Mis dedos se posaron sobre la imagen de unos anteojos y de nuevo vino a mí esa inmensa sensación de alegría, paz y seguridad. Me comencé a sentir muy liviano y surgieron las siguientes imágenes:

Estoy sentado en un salón de clases y veo a mis compañeros. Tenemos entre cinco y seis años, al menos eso creo. La maestra está anotando algo en el pizarrón y al terminar se dirige a mí diciendo: ¡Joaquín, tú que eres un niño muy aplicado, lee los números para tus compañeros!

Miré hacia el pizarrón para tratar de identificar los números que la maestra decía, pero no podía verlos con claridad. Hice un gran esfuerzo y entrecerré mis ojos pero nada, no los podía distinguir y en lugar de decir que no veía, comencé a inventar lo que me imaginaba y todos mis compañeros se rieron.

Fue tan grande el escándalo, que la directora de la escuela cuya oficina estaba junto a mi salón, se asomó. Me sentí profundamente avergonzado y más aún cuando comenzaron a decir: ¡No ve! ¡No ve! ¡Está ciego! Y se reían con más fuerza.

- ¡Tin, Ton! ¡Tin, Ton! El sonido del timbre me regresó a la biblioteca y me dirigí a la puerta para abrir.

- ¡Hola Joaquín! ¿Listo para ver el partido?

- ¿Qué hay Leopoldo? Pasa por favor. Hasta hace unos momentos estaba listo pero toqué la caja de mi sueño y las imágenes que vinieron a mí me han dejado impactado.

Leopoldo observó a su amigo y rápidamente le dijo: ¿Qué te parece que me cuentas? Podemos ver el partido mañana ya sabes que lo repiten. ¡Anda platícame! ¡Tengo mucha curiosidad!

Entonces Joaquín llevó a su amigo a la biblioteca y después de sentarse en un par de cómodos sillones le dijo a Leopoldo:

- ¿Sabes una cosa? Después de tocarla hace unos momentos comenzaron a llegar a mí los recuerdos de varias situaciones en las que me sentí limitado por usar lentes.

Había actividades que disfrutaba mucho y aunque las llevaba a cabo, siempre existía la sensación de que algo faltaba y por eso no podía gozarlas por completo.

Por ejemplo, me gustaba nadar pero al quitarme los lentes ya no veía con claridad lo que había a mi alrededor. Yo podía ver bien los objetos y las personas que estaban muy cerca de mí pero más allá de un metro, todo comenzaba a hacerse borroso.

Me gustaba jugar fútbol y aunque pertenecí a varios equipos y entrenaba con ellos, solamente participé en pocos juegos oficiales. De hecho, en tres o cuatro ocasiones se me rompieron los lentes cuando quise cabecear el balón.

Otro aspecto relacionado con usar lentes es que al llegar a la adolescencia surgió en mí el convencimiento de que resultaba poco atractivo para las mujeres, a pesar de que me llevaba muy bien con mis compañeras de la secundaria. En otras palabras, comencé a perder la confianza en mí mismo.

Tú sabes que cuando se es joven es normal que surjan discusiones y hasta peleas entre amigos. A mí me preocupaba que al quitarme los lentes, no podría observar bien a mi contrincante para defenderme.

Es curioso Leopoldo, pero, por un lado, mis límites para relacionarme con el mundo de afuera eran muy estrechos y por otro lado, mis límites con mi mundo interno eran muy amplios en el sentido de que mi imaginación comenzó a desarrollarse todavía más y como es hasta cierto punto normal, llegué a creer que el mundo de afuera y las personas en él, eran tal y como yo me las imaginaba.

Así que comencé a actuar exclusivamente de acuerdo a mis propios pensamientos y entonces, cuando las cosas no eran como me las había imaginado surgían en mí fuertes sensaciones de frustración y enojo.

¿Te das cuenta Leopoldo de que esta es una actitud normal en un niño pequeño?

- ¡Sí, de acuerdo Joaquín! ¡Pequeño y solo!

- Ahora Leopoldo, imagínate que una persona siga actuando de esa forma cuando tiene diez, quince, veinte, treinta, cuarenta o más años. Está completamente fuera de lugar y si tiene suerte, sus amigos lo tolerarán, su consentidor interno le dirá que tiene razón aunque, por otro lado, es probable que su sensación de aislamiento se profundice todavía más.

- Es muy importante decirte amigo mío, que en casi todas las personas hay una parte de la mente que está consciente de los errores que se cometen. Si la educación recibida ha sido muy estricta, el número de equivocaciones será abundante y la persona comenzará a preguntarse: ¿Hay algo mal en mí? ¿Soy el único que piensa de esta forma?

Lo que me ocurría en muchas ocasiones es que cuando me atreví a checar la realidad, tenía la esperanza de que al menos otras personas estuvieran de acuerdo conmigo respecto a lo que había dicho o hecho, pero la mayoría de las veces los demás me dijeron: ¡No, no es así! ¡Estás equivocado!, y con ello se acrecentaba en mí el enojo y la vergüenza, sentimientos poderosos que hacen sufrir a un ser humano.

Pasó el tiempo y se abrió la puerta de la casa. Miranda y Pilar estaban llegando del salón de belleza.

- ¡¿Qué hay chicos?! ¿Qué tal estuvo el partido? Dijo Miranda.

Y antes de que ninguno pudiera responder, Pilar comentó: ¡Vámonos Leopoldo, tienes que ponerte muy guapo para la boda!

- ¡Ja, ja, ja! ¡Ni hablar Joaquín! ¡Ni hablar! ¡Platicamos más tarde!

- ¡Tienes razón Leopoldo! ¡Mira nada más con qué chicas iremos!

Sin decir nada más se despidieron.

Joaquín se metió al baño para darse una buena ducha y comenzó a reflexionar sobre sus imágenes y la plática con

Leopoldo. Cuando ya se había secado y empezaba a extender la crema de rasurar sobre su rostro, pensó:

- ¡Comencé a usar lentes a la edad de cinco años! La miopía hacía borrosos los límites de los objetos que estaban a más de un metro de distancia de mis ojos, lo curioso es que se extendió más allá de lo físico de tal manera que hacer planes, ver mi vida a lo lejos y prevenir las consecuencias de mis actos me resultó desde entonces y por muchos años, algo muy difícil.

Por otro lado y a pesar de lo fantasioso que pueda sonar, ya en mi juventud temprana deseaba encontrar la fórmula para desaparecer el dolor y la tristeza de ser consciente de mi vida y las circunstancias que me rodeaban. Pero no tenía ni la menor idea de cómo hacerlo.

En esos momentos, es cuando más requería de mi padre o de una persona con experiencia para que me guiara. ¡Quería actuar mejor y no sabía cómo hacerlo! ¡Quería solucionar mis problemas pero no sabía cómo hacerlo! ¡Quería dejar de sufrir o superar mi dolor, pero nadie me enseñó las alternativas! ¡Y vaya que me hicieron falta!

Por ejemplo, recuerdo que tenía más o menos dieciséis años y cerca de mi casa vivía una compañera de la secundaria. Un día al ir a hacer una tarea juntos conocí a Falla, era su vecina y me gustó mucho. Por supuesto que mis visitas a Luciana, mi compañera, se hicieron más frecuentes y percibí que yo también le gustaba a su vecina Rafaela, –así se llamaba realmente.

Un día, Falla me invitó a ir a su casa pues había una posada. Me vestí muy bien y llegué a la fiesta pero, ¿qué sucedió? Que la hermana mayor no se separó ni un momento de mí, me llevó a la cocina por mucho rato y cuando le pregunté a qué se debía que no me permitiera acercarme a Falla me dijo: ¡Mira, lo que pasa es que aquí está un chavo que fue su novio y es muy celoso! Si ve que te le acercas te golpeará junto con sus amigos. ¡Mejor vete!

¡Y, me fui! No lo platiqué con nadie y aunque deseaba ir de nuevo a casa de mi compañera, ya no lo hice y tampoco volví a acercarme a Rafaela.

Años después, me puedo imaginar la solución de esa parte instintiva de mi alma a la que sólo le importa la vida pero que no considera la forma en que ésta se viva. Casi la puedo escuchar diciendo: ¡Si alejo sus sentimientos un poco más allá de un metro, se volverán borrosos y el dolor cesará!

¡Lo malo es que si bien alejó los sentimientos negativos, incluyó también los sentimientos positivos, esos que permiten que la gente se relacione profundamente consigo mismo y con los demás!

Esos sentimientos que construyen el amor y a los que por salvarme, paradójicamente envió a las profundidades, aumentando en mí esa dolorosa sensación de soledad y vacío que se llenó con actitudes negativas con cuya guía fui transformándome sin realmente desearlo, en una persona antisocial, egocéntrica, pagada de sí misma, prepotente y mentirosa a la que muchos en el mundo exterior conocían, aunque yo luchaba por ocultarla de mí mismo.

Cuando un ser humano ya no tiene acceso a sus sentimientos, el espacio que ocupaban en la consciencia se llena con mucho de lo que con anterioridad había sido empujado al inconsciente y ni siquiera le pertenece a nivel personal.

En otras palabras, llegan a ocupar su consciencia los valores y actitudes que son consideradas negativas para el grupo social en el que ha nacido, que fueron desechadas y con el tiempo han formado la "sombra colectiva". Entonces tiene lugar una especie de posesión en la que el ego, poco puede hacer para defenderse. ¡Satanás está de regreso!

La vida se complica todavía más y cuando nos hacemos conscientes aunque sea por pequeños momentos, se inicia un diálogo interno repetitivo, en que la persona se hace muchas preguntas:

¿Por qué me siento vacío? ¿Por qué no puedo confiar ni siquiera en mí mismo? ¿Por qué termino mis relaciones tan abruptamente? ¿Por qué me siento solo? ¿Por qué a pesar de mis esfuerzos, los demás no me interesan? ¿Por qué vivo con la sensación de no pertenecer? ¿En dónde está ese ser que yo conocía? ¿Adónde se ocultan mis sentimientos positivos? ¿Acaso todavía están vivos?

Pero no obtiene respuestas.

¡Esa es la vida en el infierno! Es ahí, donde el ser humano extraña todas esas partes de sí mismo que le han sido quitadas para que sobreviva. Es ahí, donde se pierden el amor y la confianza a cambio de la culpa, la vergüenza, la tristeza, la soledad, la impotencia y la ira.

Ahí, en el infierno, se pierde la luz verdadera y solamente brilla la falsedad; ahí, es donde habita la duda y los límites se hacen borrosos.

Ahí, es donde la inseguridad y la miopía se hacen más severas y el futuro, dominado por el miedo y la angustia, deja de ser un sitio agradable al que tendremos llegar.

Ahí, al surgir como alivio al dolor el disfrute inmediato y temporal, éste se asegura de concedernos en un tiempo más o menos corto, lo que tratamos de evitar.

Por eso, desde mi punto de vista, hay momentos en los que el instinto de vida con el que venimos equipados hace que los seres humanos suframos más de lo debido, arrastrando a las profundidades del infierno a quienes están más cerca de nosotros y obligándolos a sacar del inconsciente a sus propios demonios.

Para salir de ese sitio es necesario que regresen a nosotros, si no todas al menos muchas de esas partes que nos fueron arrebatadas por la sociedad y la fuerza impulsora de la vida.

La tarea es aumentar el espacio en nuestra consciencia, para que la mayor cantidad posible de opuestos convivan en ella de manera complementaria.

Ya no se trata de cuál opuesto es más poderoso pues, de hecho, en el principio los dos tenían la mitad del poder y estando juntos fue que se convirtieron en una amenaza el uno para el otro.

Los dioses deben saber que sólo es posible ver lo que ya está dentro de uno, y es que en nosotros los humanos que hemos sido creados a su imagen y semejanza, han proyectado sus propios contenidos.

Ellos tendrían que retirar sus proyecciones de nosotros y hacerse responsables de lo que aflore a su consciencia. Los dioses, así me parece, también tienen un inconsciente.

Si logran hacerlo, esa será una solución diferente y duradera para sus miedos y como estamos hechos a su imagen y semejanza, la fórmula también nos funcionará a los humanos.

Un Poco de Culpa

La boda de anoche fue muy divertida, platicamos mucho, cenamos mucho y también bailamos mucho. Nos retiramos cuando el sol comenzaba a transformar la noche en un sugerente amanecer.

Ni Miranda ni yo dimos señales de vida sino hasta cerca de las cuatro de la tarde del día siguiente, cuando el teléfono sonó y al levantar el auricular contestando con un lacónico ¿bueno?, una voz bastante aguda preguntó por alguien que ni siquiera conocíamos y le dije: ¡No señora, está equivocado!

Por supuesto que Miranda se despertó también y sentados en la cama con los cabellos apuntando hacia todos lados, decidimos llamar a Leopoldo y Pilar para ver si ya se habían levantado y querían venir a comer pizzas a nuestra casa.

Como vivíamos a unas cuantas cuadras, nuestros amigos llegaron junto con el repartidor y sin decirnos mucho, pues el hambre luchó muy poco pero con gran éxito para detener la conversación entre los cuatro, nos sentamos a devorarlas con rapidez.

Después de un rato, Pilar me preguntó si había vuelto a tocar la caja de mi sueño y si en algún momento yo permitiría que ella o Leopoldo lo hicieran.

- ¡Claro que sí Pilar! ¿Quieres hacerlo ahora mismo?

- ¡Bueno, si no tienes inconveniente me gustaría mucho intentarlo!

- ¡Vayamos entonces a la biblioteca!

Nos sentamos los tres mientras Pilar se acerca con cierto sigilo a la mesita en donde se encuentra la caja. Se pone los guantes, suspira y estirando su brazo la toca con la punta de sus dedos que se posan delicadamente en la imagen de un muchacho y una niña.

Permanece de pie frente a la ventana por unos segundos y Miranda que estaba más cerca de ella que Leopoldo y yo, la escucha decir algo y toca su brazo derecho con mucha suavidad pero en ese momento, Pilar comienza a llorar y sus lágrimas ruedan en abundancia por sus mejillas. Retira su mano de la caja y se acerca a Leopoldo sentándose en sus piernas y recargando la cabeza sobre su hombro.

Solloza como una pequeña niña y así permanece por varios minutos, mientras, los demás nos quedamos esperando con curiosidad.

Leopoldo acaricia su cabello y poco a poco Pilar se va calmando hasta que se incorpora y volteando hacia nosotros dice: ¡¿De dónde salió?! ¡Es una caja mágica!

Al tocarla, me invadió una sensación de paz y tranquilidad muy agradable hasta que de pronto:

Me vi como de ocho o nueve años en el estudio de la casa de mis tíos. Uno de sus hijos, mi primo, que es un muchacho joven, me tiene sentada en sus rodillas, y con sus manos me acaricia las piernas y va subiendo hasta que toca mis calzones, los hace a un lado e intenta algo

con sus dedos pero yo me resisto.

Estoy muy asustada y con miedo de que alguien

nos vea pues presiento que lo que él hace no está bien

pero, al mismo tiempo, la sensación es muy agradable.

Le digo que quite sus manos y él me dice que solamente

es un juego y un secreto entre los dos pero, además, me

advierte que cuando uno revela los secretos algo malo le

pasa a los hermanos o a los papás del chismoso.

Ver esas imágenes me puso en contacto con los profundos sentimientos de vergüenza, culpa e impotencia que yo tenía en esos momentos, lo que pasa es que entonces no sabía cómo se llamaban y simplemente tenía la sensación de estar sucia.

Lo que más dejó huella en mí es no poder decirle nada a nadie, por eso, cuando me convertí en una joven y alguno de mis enamorados se propasaba en sus caricias, tampoco salían palabras de mi boca por más que lo intentaba. En esas situaciones yo comenzaba a llorar y entonces se detenían, asustados.

- Pilar, dijo Joaquín, ¿te das cuenta de que tus lágrimas eran la única forma en la que podías comunicar tu desacuerdo? ¡Así se expresaba tu dolor y estoy muy impresionado por tu relato!

- ¿Sabes una cosa Joaquín? ¡Habría preferido poder decirles que se detuvieran! ¡O, tal vez, hasta darles una buena bofetada pero mi boca no se abría y mi cuerpo estaba paralizado!

De hecho tardé muchos años en poder contárselo a una persona, era un secreto del que me avergonzaba profundamente. Además, temía ser juzgada y mantuve la creencia de que mi imagen caería ante los ojos de quien me escuchara.

Un día estaba platicando con Leopoldo y surgió el tema de las limitaciones que a veces existen en las parejas para disfrutar con mayor libertad de la sexualidad, entonces mi esposo me platicó de una experiencia que él tuvo cuando era un niño pequeño.

Eso me animó y decidí contarle lo que había sucedido con ese primo al que ocasionalmente veíamos en alguna reunión familiar, pero le pedí que no le hiciera ninguna reclamación y aceptó.

Pues los felicito Pilar por compartir sus experiencias entre ustedes, además, tanto Miranda como yo les agradecemos la confianza que nos tienen y que sin duda es correspondida.

Entonces Pilar le dijo a Leopoldo: ¡Oye, tengo mucha curiosidad por ver si la caja funciona con cualquiera que la toque y hasta ahora así parece! ¡Tócala Leopoldo! ¡Tócala! Y sin pensarlo mucho nuestro amigo se acercó a la mesa, se puso los guantes y estirando la mano tocó la imagen de un moño de color negro en la caja de mi sueño.

Al instante, la cara de mi amigo mostró una expresión de tranquilidad que en pocos segundos se transformó. Los demás estábamos observando y a la expectativa, llenos de curiosidad por la experiencia que estaría viviendo.

Cuando retiró la mano de la caja comentó:

Hace mucho tiempo, tenía ocho años, y un domingo por la tarde cuando mis dos hermanas y yo estábamos viendo la televisión, mi padre, que era ingeniero civil y trabajaba en una empresa constructora muy grande, se sentó junto a nosotros y con cara de tristeza nos dijo que tenía que hacer un viaje por su trabajo y que no estaba seguro de cuándo regresaría.

Aunque éramos muy pequeños, los tres hermanos nos volteamos a ver por lo inesperado del anuncio y como pudimos comprobar años después, en esos momentos todos compartimos una sensación de inquietud y angustia.

Al darse cuenta de nuestro estado, mamá sonrió al tiempo que decía que no nos preocupáramos, que papá estaría en contacto con nosotros constantemente. Su comentario nos tranquilizó y todavía fue mejor cuando papá nos contó que iba a construir con otros amigos y compañeros suyos una presa muy grande para que muchas personas que vivían en el campo tuvieran luz.

A la hora adecuada nos fuimos todos a dormir y la mañana siguiente mi padre nos llevó a la escuela y se despidió de nosotros con alegría y entusiasmo, prometiéndonos que enviaría cartas y postales para que viéramos el sitio en el que estaría trabajando.

Pasaron varias semanas y tal como lo había prometido, desde los primeros días comenzaron a llegar tarjetas y cartas de nuestro padre que nos contaba cómo le estaba yendo, mi madre contestaba incluyendo en ellas nuestras preguntas y deseos porque regresara pronto pues lo extrañábamos mucho. Así pasaron varios meses y entre los tres hermanos nos decíamos que ya faltaba menos para que papá volviera a casa.

Una noche, después de que habíamos regresado del parque de diversiones y mamá terminaba de arreglar nuestros uniformes sonó el teléfono, mi hermana Rosita fue a contestar y le dijo a mamá que la llamaban de *larga distancia. Mi mamá contestó y después de cruzar unas cuantas palabras colgó.*

Yo le pregunté quién había hablado y ella contestó que se habían equivocado de teléfono, pero a partir de ese momento ya no dijo una palabra durante la cena y los tres hermanos nos dimos cuenta de que en varias ocasiones sus ojos se llenaron de lágrimas. Le preguntamos por qué estaba triste y dijo que no era eso, sino que algo le había entrado a sus ojos.

Acabamos de cenar y nos llevó a la cama, dándonos la bendición como siempre lo hacía. Estuvimos despiertos los tres por un rato aunque ninguno de nosotros dijo nada. Así, nos quedamos dormidos hasta que nos despertó el sonido del teléfono y escuchamos que mamá lloraba desconsoladamente.

Al terminar de decir esas palabras, un par de lágrimas escurrieron por las mejillas de Leopoldo y cuando Pilar intentó consolarlo él le pidió que esperara un momento pues todavía faltaba una parte del relato y entonces, siguió:

Los tres hermanos nos levantamos y fuimos rápidamente a la sala pues ahí se encontraba el teléfono.

Mamá nos vio y trató de sonreír, aunque solamente se dibujó una mueca en su rostro mientras las lágrimas se deslizaban por sus mejillas.

La abrazamos todos y Leticia, mi otra hermana, le preguntó ¡¿Qué pasa mamita?! ¿Por qué lloras? Mamá dijo: ¡Es que me acaban de avisar que su abuelita, murió hace unos minutos!

Cuando el teléfono sonó en medio de la noche yo había tenido una extraña sensación en mi espalda, como cuando se tiene mucho miedo. Mi pecho se apretó y un nudo se formó en mi garganta, ni una palabra salió de mi boca y jamás le conté a nadie lo que cruzó por mi mente hasta ahora que lo voy a decir a ustedes que son mis mejores amigos.

¡Yo pensé que papá había muerto y sentí un gran alivio cuando mamá nos dijo que era mi abuelita y no él, pero después me llené de culpa por haberme alegrado!

Conforme pasaron los minutos comencé a sentir mucha vergüenza; una grave acusación revoloteaba en mi cabeza: ¡Eres un niño malo! ¡Los niños buenos no se ponen contentos cuando su abuela muere! Y en esas andaba cuando el teléfono sonó de nuevo, mi madre contestó y las lágrimas volvieron a mojar su rostro y se derrumbó de rodillas con la mirada perdida en algún sitio del infinito.

Pasaron unos momentos en los que ni mis hermanas ni yo supimos qué hacer, entonces, mi mamá volteó hacia nosotros y mi corazón se encogió de nuevo cuando dijo: ¡Hijos, hubo un accidente en la obra y su papá está en el hospital!

¿Saben cuál fue el primer pensamiento que vino a mi mente? ¡Ese es el castigo por haberte alegrado con la muerte de tu abuelita! Por supuesto, el miedo que le tenía a Dios se multiplicó por mil.

Cuando Leopoldo terminó de relatar las imágenes que habían surgido en su mente después de tocar la caja los cuatro permanecimos callados.

Entonces Miranda dijo: ¿Saben una cosa? Soy la única que todavía no ha tocado la caja y creo que este es un buen momento para hacerlo. Me da un poco de miedo, pero he visto que todos ustedes terminan su experiencia con una nueva expresión en su rosto y a pesar de lo que han recordado los veo tranquilos, eso me ha convencido de que voy a estar bien.

Y sin decir más se puso los guantes y tocó la caja en una de las piedritas rojas que la adornaban. Al instante siguiente, en el rostro de Miranda apareció una mezcla de sorpresa y temor.

Después se puso muy seria y unas lágrimas salieron de sus ojos hasta que poco a poco, su rostro comenzó a cambiar de nuevo hasta que todos percibimos que estaba muy tranquila y hasta nos pareció ver una sonrisa.

Cuando su mano dejó de hacer contacto con la caja y abrió los ojos, Miranda nos observó por unos momentos y después nos dijo: ¿Saben qué fue lo que ocurrió?

Pues que de repente me vi a mí misma cuando tenía más o menos once años, había estado enferma de hepatitis y por lo mismo permanecí en la cama casi dos meses hasta un sábado en que el doctor me dio de alta.

Al lunes siguiente me levanté con mucho entusiasmo, ya tenía ganas de ir a la escuela y ver a mis compañeras pues aunque me hablaron por teléfono casi todos los días, no pudieron visitarme debido a lo contagioso de mi padecimiento. Llegué temprano y muy bien peinada, como siempre.

Después de las dos primeras clases sentí un pequeño malestar en mi estómago y pedí permiso a la monja para ir al baño. Acababa de entrar cuando sentí muchas ganas de orinar y me apresuré pero ¡¿Qué es esto?! ¿Me corté? ¿Por qué tengo sangre entre mis piernas? Sentí mucho miedo y pensé que algo malo me estaba pasando.

Pegué un grito tal que otras monjas y algunas de mis compañeras llegaron corriendo. Yo no entendía y estaba muy asustada.

Cuando las monjas me vieron se acercaron a mí con mucha ternura, Sor Anastasia me tomó de las manos y me explicó con mucha tranquilidad lo que sucedía. Me dijo que era algo natural y que estaba dando un gran paso en mi vida pues dejaba de ser niña y me estaba convirtiendo en una señorita.

Su voz y la suavidad de sus palabras me tranquilizaron pero entonces me pregunté: ¿Por qué nadie me había dicho que esto sucedería? ¿Por qué ni mi propia mamá me explicó?

Después de un rato, recordé que ella no había tenido una mamá pues la suya murió a los pocos días de su nacimiento y creció entre puros hombres, sin una mujer cercana que la apoyara y a la cuál pudiera contarle todas esas sensaciones y sentimientos desconocidos que nos ocurren particularmente a nosotras.

Instantes después de ese recuerdo vino a mí otra escena en la que me veo parada junto a mi cama, tenía ocho o nueve años. Me estoy poniendo el uniforme y mi mamá me está regañando muy fuerte por algo que hice pero que en realidad no es importante. Me siento muy asustada, muy triste y entonces lloro.

A los pocos minutos me avisan que ya llegó a recogerme el camión escolar y tengo que secarme las lágrimas y limpiarme la cara pues por ningún motivo se pueden dar cuenta de lo ocurrido. En el trayecto a la escuela y platicando con mis compañeras se va borrando el incidente.

Durante el resto de la mañana estoy tranquila hasta que suena el timbre indicando la hora de salida y en ese momento, ¡me comienza a invadir una terrible sensación de miedo y angustia pues tengo que regresar a mi casa y no se si mi mamá seguirá enojada conmigo o no!

Esta situación se repitió muchas veces y me afectó tanto que tomé la decisión de que nunca jamás les haría algo similar a mis hijos si los tenía. Me casé con Joaquín, tuve dos hijas y cumplí mi promesa.

Pero tengo que confesarles algo y es que en este momento en el que comparto esas experiencias de mi vida con ustedes, siento culpa por exponer a mi mamá.

Murió hace varios años y estoy segura de que me quería mucho aunque no sabía muy bien cómo expresarlo. Yo también la quise mucho y la extraño. ¡Ella era la fuerza esencial que mantenía unida a toda la familia!

Entonces Joaquín tomó a Miranda de la mano y le repitió lo que muchas veces le había dicho: ¡Mi suegra y yo tuvimos una relación de mucho cariño y respeto! Ella siempre me defendió y me dio un lugar en su familia. Me aceptó sin condiciones. ¡Yo también la echo de menos!

Con la experiencia de Miranda se terminó nuestra tarde y nos despedimos conectados emocionalmente. Reconociendo todos haber vivido momentos que nos dejaron huellas en el alma pero conscientes de que el día de hoy, los recuerdos y las emociones guardadas salieron de su escondite para sanar y así dejar de ser una carga invisible.

Que No Llegue el Día

Joaquín, días después de que vio la caja en la tienda de su amigo y a partir de que éste envió un reporte a la agencia aduanal, se acostaba todas las noches con una idea que ni siquiera a su querida Miranda le había confesado, y es que no podía evitar que en varios momentos del día y en las noches cuando ya estaba a punto de dormir, lo asaltara la idea de que muy pronto aparecería el dueño de la caja de su sueño.

Aunque trataba de quitar ese pensamiento tan molesto como un escrúpulo, por lo general no lo conseguía sino hasta que alguna actividad lo obligaba a distraerse, a concentrarse o el sueño lo vencía.

Esa mañana en particular, la idea de que apareciera el dueño de la caja estaba más intensa que otras veces y durante la mayor parte de su jornada ocupó espacio en su consciencia e incluso lo distrajo durante una entrevista.

Cuando terminó sus labores se dirigió a la tienda de antigüedades, ahí estaba Leopoldo desempacando nueva mercancía y se acercó con dos vasos de café para platicar como casi todas las tardes. Después de saludarlo y acomodarse en un viejo sillón rojo, Joaquín le contó a su amigo del molesto pensamiento que lo perturbaba.

Al finalizar el relato de Joaquín, Leopoldo sonrió ampliamente y le dijo: ¡Amigo mío!, ese tipo de ideas obsesivas no me son del todo extrañas, permíteme compartir contigo un evento que es de suma importancia en mi vida.

Hace tal vez un par de años, estaba en la cama y momentos antes había abierto los ojos para estirarme y bostezar. Pilar había prendido la televisión y escuché una noticia acerca de la universidad en la que estudié.

Mencionaron al profesor que me había asesorado para realizar mi tesis de licenciatura y me acordé del día en que presenté mi examen profesional

Esto fue veintiún años después de que me casé con Pilar pues por una u otra razón, aunque unos meses antes de la boda asistí a la fiesta de graduación y entrega de diplomas a los que terminábamos los estudios, no me titulé. Tenía varias razones para no hacerlo y te voy a poner al tanto de lo que pasó.

De entre todas esas razones hay una que consideré como la más importante, y es que mi mamá me había comentado varias veces que entre los miembros de la familia de mi padre existía una especie de maldición por la cual, nadie llegaría a tener un título profesional.

Cuando la escuché por primera vez guardé en mi corazón ese comentario y lo llevé conmigo por mucho tiempo, por eso si alguien me preguntaba o por alguna razón salía el tema de si tenía o no el título de licenciado, yo me defendía diciendo que en realidad el título no me haría más sabio pues todo lo que necesitaba aprender ya lo había estudiado varios años en la universidad.

Otro pensamiento que también me servía de justificación ante mí mismo, era recordar que algunos de mis compañeros a los que consideraba mucho menos capaces y que habían aprobado materias haciendo trampas y hasta copiado de mis propios exámenes, ya estaban titulados. Yo me sentía, por así decirlo, superior a ellos y eso degradaba al título.

La realidad era que temía ser reprobado en el examen profesional y el mero hecho de imaginarme la vergüenza que sentiría cuando eso sucediera y la burla de la que sería objeto, me detuvieron por un poco más de cuatro lustros.

Recuerdo claramente que el día del examen llegué al salón designado con mucha anticipación y vi la mesa de los sinodales, las sillas acomodadas para ellos y la mía. Pasaron los minutos y aunque no había invitado a nadie, lo que me daba cierta seguridad, los sinodales no aparecían tampoco a pesar de que ya faltaban dos o tres minutos para la hora señalada.

Me levanté y salí por el pasillo con la idea de saber por qué no llegaban, pero no me encontré con ninguno y regresé al salón. Mi corazón estaba por salirse de mi pecho y mis manos sudaban como nunca. Tenía ganas de salir corriendo, la angustia era terrible.

De pronto, la puerta del salón se abrió y entraron los maestros encargados de examinarme. Me habían advertido de uno de ellos acostumbraba "barrer" a los examinados y cuando se sentaron en sus lugares, él se dirigió a mí y preguntó:

- ¿Estás nervioso Leopoldo?

- ¡Sí Doctor! ¡Mucho!

- ¡Pues déjame decirte que nadie sabe más de tu tesis que tú mismo!

Las preguntas fueron abundantes, el examen tardó poco más de una hora y después me pidieron que me saliera del salón para deliberar. En esos momentos estaba más o menos confiado en que sería aprobado pero el gusanito de la duda, molesto invitado del recuerdo de mi examen de la vocacional, no se ocultaba en su manzana.

Después de algunos minutos la puerta se abrió y me invitaron a pasar. Me senté, pero el presidente del jurado y los sinodales se levantaron y me pidieron que

yo también lo hiciera. Entonces, dijo: ¡Licenciado, si me

escuchó, se dará cuenta de que ha sido aprobado!

¡La emoción y el gusto que sentí no puedo

describirlo! ¡Mi corazón se quería salir de nueva

cuenta, aunque por razones opuestas a las del comienzo!

Por un lado estaba muy contento de haber superado

un momento tan difícil, me sentí muy orgulloso de mí

mismo y por el otro lado, pensé para mis adentros:

"¡La maldición de la familia de mi padre se ha

terminado!"

Cuando me despedí con las constancias de haber

presentado el examen y estar aprobado, me dirigí a la

oficina de mi asesor y nos fuimos a comer juntos.

Días después me descubrí pensando en varias personas con las que tenía alguna relación y aunque "la maldición de los no titulados" había quedado sin efecto, aparecieron con más fuerza en mi cabeza los pensamientos de que ahora era todavía más superior a otros.

Esa "otra maldición" no se había esfumado. Me costaba mucho trabajo considerarme como uno más, con mis propios atributos y mis defectos personales. Me seguía comparando constantemente para encontrar algo que me colocara por encima de todos a pesar de su posición social o de su situación económica.

La soberbia, que no es otra cosa que una defensa ante el dolor profundo de no reconocer nuestro propio valor y creer que somos menos que los demás, era una actitud común en mí, por eso estuve varios años compitiendo con todo mundo y tratando de vencer a toda costa hasta que un día mi querida analista María me dijo: ¡Mira, si quieres competir pues entonces hazlo en la misma prueba!

- ¿Cómo? ¿Qué quieres decir María?

- Si compites con los que tienen mejor posición social que tú o los que poseen muchísimos más ingresos que tú, la verdad es que vas a perder y vivirás enojado con ellos y contigo.

- Compite, si es lo que quieres, con quienes tienen las mismas capacidades que tú. ¡Ahí si tienes posibilidades de ganar!

Me explicó además que la soberbia facilita que quienes compartimos la herida de no ser vistos y recibimos un halago o un agradecimiento profundo por algo que dijimos o por alguna acción, hagamos contacto con la intensa emoción que se produce en nuestro cuerpo cuando la vergüenza y la alegría aparecen al mismo tiempo pues no estamos acostumbrados a que otras personas nos digan que somos valiosos. Las lágrimas que pueden surgir en esos momentos o que pueden quedarse contenidas en los ojos, son la expresión de un alma que comienza a ser sanada.

¿Sabes Joaquín? Al escucharla me llené de tranquilidad y dejé de luchar y competir contra lo que está fuera de mi control. Me acuerdo todavía de una frase que leí en algún lugar que decía: ¡Si es verdad, ¿de qué te preocupas?! ¡Y si es mentira, ¿de qué te preocupas?!

Por eso te sugiero que dejes de atormentarte con ese pensamiento pero como también sé que no se va a ir tan fácilmente te daré una idea, acéptalo cuando aparezca y recuerda que esa caja llegó a tus manos debido a razones desconocidas y que ninguno de los dos sabíamos de su existencia, aunque tú la habías soñado apenas un poco antes de su aparición en mi tienda.

La vida nos da regalos y muchas sorpresas que llegan en el momento justo en que las necesitamos, a veces nos agradan y a veces no tanto pero ten la seguridad de que la caja de tu sueño permanecerá contigo por todo el tiempo que sea necesario y cuando su utilidad para ti haya terminado, el dueño aparecerá. ¡No tengas la menor duda!

Una Visita Inesperada

Hoy es lunes y la semana se iniciaba para Joaquín prometiendo ser de gran actividad pues los exámenes semestrales de la Universidad comienzan a primera hora y por lo general, aumenta el número de citas de orientación en esa época.

Nada se sabía aún acerca del origen de la caja y después de la plática con Leopoldo, Joaquín estaba comenzando a olvidar que el dueño aparecería y tendría que devolverla.

El día transcurrió entre muchas citas y consultas con los muchachos y de pronto sonó el timbre, indicando que ya eran las cinco de la tarde. Joaquín estaba platicando con un alumno y pudo darse cuenta de que todavía dos chicas de reciente ingreso lo estaban esperando para platicar.

Cuando por fin terminaron las consultas de ese día el reloj marcaba las 7:45 y después de estirarse, se levantó para tomar su chamarra y su portafolio para dirigirse a la salida.

Caminó rápido pues tenía la intención de tomarse un café en la tienda de Leopoldo, pero al llegar a ella ya estaba cerrada. ¡Ni modo!

Llegó a su casa y enseguida se dirigió a la biblioteca pues deseaba ver la caja de su sueño. Nada más la observó y de inmediato comenzó a sentir esa profunda sensación de bienestar y tranquilidad, se acercó y no pudo más que tocarla. Sin darse cuenta, hizo contacto con la imagen grabada de un libro.

Todo sucedió en un segundo y de pronto, se pudo ver a sí mismo en la casa en que vivía con su madre y sus hermanas cuando estudiaba en la vocacional. El Joaquín adolescente estaba sentado en su cama con una cara de preocupación que pudo reconocer.

Sin motivo alguno, el joven volteó hacia la puerta como si hubiera percibido algo y aunque el Joaquín viajero pensó por un momento que era visible, pronto se percató de que en realidad no era así y se cuestionaba lo que tendría que hacer para comunicarse y decirle algo a ese muchacho que no era otro que él mismo.

En ese momento, el Joaquín viajero se quedó con la boca abierta pues el joven de diecisiete años comenzó a hablar en voz muy baja, como si solamente quisiera enterarse él mismo de sus palabras pero a la vez parecía contestar cuando dijo:

¡No sé qué es lo que voy a estudiar! ¡No tengo ni la menor idea de a que me quiero dedicar! ¡Lo peor es que ya estoy a punto de terminar la vocacional y tengo que decidirme, pero no sé, no sé!

El Joaquín viajero pensó en preguntarle si ya había platicado con alguien y cuál fue su sorpresa al escuchar la voz del joven Joaquín, que seguía en una especie de diálogo con él y consigo mismo pues murmuró:

¡No he hablado con nadie! Me siento muy solo y mi padre no está aquí. La verdad es que no sé a quién podría recurrir.

El Joaquín viajero sintió una gran ternura y compasión por sí mismo al recordar lo que había vivido en esos momentos. Habría querido abrazar a ese muchacho pero pensó que era imposible.

Recordó entonces un viejo escrito en el que se afirmaba que sin una guía adecuada, son los instintos quienes se ponen al frente y es su irracionalidad la que impera debido a que la consciencia del bien y el mal que se construye a partir de las reglas de conducta aceptadas dentro de un grupo social, no está terminada o ha quedado a medias. En esos casos, los instintos no reconocen más autoridad que la propia.

Así las cosas, el Joaquín viajero se prometió a sí mismo buscar la forma de ayudar al Joaquín adolescente, aunque no tenía ni la menor idea de cómo hacerlo.

Con ese deseo y sin darse cuenta volvió a la realidad presente y se encontró sentado en uno de los sillones de la biblioteca, muy cerca de la caja de su sueño.

Al hacer un recuento de lo que había sucedido en esta ocasión al tocarla, se hizo consciente de dos cosas: La primera fue que no se había puesto los guantes y la segunda, que no se despidió del Joaquín adolescente y trató de imaginarse lo que habría pasado con él puesto que de alguna u otra manera pareció haber percibido su presencia.

Se consoló pensando que era probable que él hubiese "escuchado" su promesa. Se quedó en la biblioteca hasta que llegó Miranda, quien le plantó un sonoro beso en la mejilla e inmediatamente se sentó en el sofá frente a él.

Joaquín abrió los ojos asombrado y al instante siguiente comenzó a sonreír mientras su esposa le lanzaba una pícara mirada, como esas de una chiquilla que ha hecho alguna travesura.

- ¡Miranda, Miranda! ¿Qué es todo esto?

- ¡Nada cariño! Me encontré con un día de rebajas en el centro comercial y bueno...no podía desaprovecharlas. Si crees, que compré demasiadas cosas deja que Pilar llegue con Leopoldo. ¡Ella trae como tres bolsas más que yo! Y al terminar de decir esto se arrojó en los brazos de Joaquín, que la abrazó contra su pecho acariciándole el pelo.

- Pues tú, mi querida esposa, ni te imaginas la experiencia que he tenido hace unos minutos con la caja de mi sueño.

- ¡Joaquín! ¡Cuéntame, cuéntame todos los detalles!

Cuando el relato terminó Miranda le dijo: ¡Eres un hombre muy afortunado! Estás teniendo la oportunidad de reunirte contigo mismo. Tal parece que el tiempo desapareciera y me pregunto quién o qué te habrá escogido para tener esta experiencia.

- ¿Crees que la caja de tu sueño ha estado en manos de otras personas?

- ¿Tendrán ellas y tú algo en común?

- ¡Mi querida Miranda, esas son preguntas que no sabría responder con exactitud, aunque me parece algo lógico que así fuera!

- ¿Y será posible que Pilar, Leopoldo y yo misma tengamos la oportunidad de tener una experiencia como la que tú acabas de vivir? Ya hemos viajado al pasado para revivir momentos importantes de nuestras vidas.

- ¡Miranda, como muchas cosas en la vida, la fe es un ingrediente esencial! Te regreso la pregunta: ¿Tú lo crees posible?

- ¡Tramposo! Mejor voy a preparar la cena y después te enseño el contenido de estas cinco bolsas, ¿de acuerdo?

- ¡De acuerdo!

Cuando Miranda se marchó Joaquín se quedó pensando de nuevo si no haberse puesto los guantes pudo haber influido para que, a diferencia de otras ocasiones, estuviera presente en la escena mientras ocurría y no solamente como testigo.

Reflexionó también en la promesa que había expresado en su visita al Joaquín adolescente. ¿Qué tendré que hacer?

¿Prometí algo que tal vez no pueda cumplir sólo porque sentí compasión?

No sería la primera vez que me comprometa a realizar tareas, si no imposibles, sí muy difíciles de llevar a cabo. Hay algo en mí que me obliga a defender a quienes por alguna u otra razón considero débiles. ¡Pura proyección!

Estoy comenzando a darme cuenta de que muchas veces cuando ayudo o apoyo a otras personas, en realidad me estoy defendiendo a mí mismo y creo que esa es la respuesta acerca de lo que tengo que hacer con el Joaquín adolescente.

Estoy consciente de que no cuento con el poder de cambiar las circunstancias externas de su vida, de ser así, todo podría ser diferente incluyendo sus alegrías y sus triunfos. ¡Tal vez ni siquiera conocería a Miranda! ¡Tampoco tendría ese par de preciosas hijas! ¡Viviría en otro lado! ¡Tendría otro trabajo! ¡Sería otra persona!

Así que lo único que puedo hacer es darle lo que le hace falta y eso no es otra cosa más que seguridad en que su vida continuará y que hay un futuro mejor.

En ese momento, del almacén de mis memorias surgió el recuerdo de un ejercicio que tuvo lugar durante mi entrenamiento:

1) Recuérdate a ti mismo cuando tenías ocho años.

2) Obsérvate bien y vete acercando a ti, poco a poco, despacio.

3) Hazte consciente de la situación general de tu vida en esos momentos y revisa los sentimientos que aparezcan.

4) Ahora, acércate más a ti mismo y abrázate con toda la ternura de la que eres capaz.

5) Dile con firmeza a ese niño que todo va a estar bien, que aunque no lo crea tú vives en el futuro y le conoces. Dile que a pesar de las dificultades y problemas que esta viviendo va a ser una persona feliz.

6) Mantén tu abrazo y deja que se tranquilice, tal vez un minuto o dos.

7) Dile que te despides pues tienes que volver a tu tiempo, pero asegúrale que lo visitarás si es necesario.

Después de recordar esta experiencia solamente esperé con ansias a que llegara la noche y Miranda se quedara dormida. Estuve sin moverme y sin hacer ruido por un rato hasta que comenzó a roncar, entonces me levanté de la cama y me dirigí a la biblioteca.

Tenía la necesidad de que la caja de mi sueño fuera testigo del ejercicio que realizaría en unos momentos. Su compañía me resultaba indispensable.

Comencé entonces a pensar en mí cuando tenía ocho años y la imagen que llegó a mi mente, fue la de una fotografía en la que aparezco con una playera de rayas de color azul marino y blanco.

Estoy en mi fiesta de cumpleaños y a punto de partir un enorme pastel, pero aunque estoy rodeado de muchos amigos mi cara tiene una expresión de tristeza.

Entonces, me imaginé que yo era el fotógrafo y me acerqué al Joaquín niño diciendo: ¡Oye, me da mucho gusto que estés cumpliendo ocho años! ¿Puedo darte un abrazo? Y el pequeño Joaquín me miró y dijo que sí.

Me acerqué más a ese niño güerito y regordete, que lucía un copete tieso por la goma y en su cuello, uno que otro collar oscuro mezcla de sudor y mugre por andar corriendo y jugando de un lado para otro para darle el que considero uno de los mejores abrazos que he repartido en mi vida, sentí un gusto indescriptible y él se percató de mi emoción a la vez que percibió todo el cariño que le quise transmitir.

Así permanecí por un ratito y cuando me separé de él, se me quedó viendo y me dijo: ¿Sabes una cosa? ¡Nunca había recibido un abrazo como el que me acabas de dar! ¿Me conoces?

Le contesté: ¡No Joaquín! Esta es la primera vez que vengo a tomar fotos a tu cumpleaños, pero traigo un recado de alguien que te quiere mucho y a quien le interesa que seas muy feliz. ¡Me lo anotó en un papel que no encuentro, así es que te voy a decir lo que recuerdo!

"Joaquín, quiero que sepas que yo vivo en el futuro y aunque no lo creas te conozco. Es muy importante *decirte que todo va a estar bien, que vas a ser muy feliz y que nunca olvides que eres un niño bueno. Te aseguro que cuando haga falta, te visitaré o te enviaré otro recado".*

El pequeño Joaquín sonrió, ahora fue él quien me abrazó y después corrió para seguir jugando.

Cuando lo vi alejarse, me invadió una sensación de alegría muy profunda acompañada de la tranquilidad de haber llevado a cabo una tarea realmente importante.

Sin darme mucha cuenta regresé a la biblioteca y estuve un rato más sentado, observando la caja de mi sueño y saboreando todavía el abrazo que le di al Joaquín de ocho años.

Pasadas las doce de la noche subí a la recámara, Miranda dormía plácidamente y tratando de hacer el menor ruido posible me acosté a su lado. No tardé mucho en arroparme entre los brazos de Morfeo que me regaló el siguiente sueño:

Estoy en la casa en que viví cuando tenía dieciséis años, me dirijo a la recámara esperando ver al Joaquín adolescente pero no está. Lo busco por todas las habitaciones pero no lo encuentro por ningún lado.

De pronto, me encuentro afuera de otra casa y él está hablando con la mamá de su novia, quien le dice que ella tuvo que quedarse a trabajar pues están haciendo una auditoría en el banco.

Entonces suena el teléfono y la señora se mete a contestarlo, al salir le dice a Joaquín que le habla su mamá y él entra a la casa. Su mamá le exige que regrese a estudiar para el examen del día siguiente y aunque él quiere esperar a su novia, no tiene la oportunidad de hacerlo.

Después de unos momentos, lo veo retirarse muy triste y enojado pues no sabe lo que está pasando. Duda de la veracidad de las palabras de la madre de su novia. Para él, en esos momentos de su vida no hay nada más importante que esa relación, por eso también está sintiendo un profundo odio hacia su propia madre.

Llega a su casa y va a su recámara para sacar el block, las reglas y los compases para realizar un dibujo que es la parte más importante del examen del día siguiente. Tiene que ir a casa de unos compañeros pues el trabajo es de equipo.

Mientras va cruzando la calle, el Joaquín adolescente llora de impotencia y sin saber yo mismo cómo sucedió, aparezco a su lado y él se sorprende pues salí de la nada.

Entonces le digo: ¡Joaquín, solamente quiero que sepas que te conozco desde hace varios años y aunque en este momento te sea difícil de creer, aunque pienses que no entiendes nada y sientas que estás muy herido, asustado y confundido por no haber visto a tu novia esta noche, la vida te depara muchas cosas buenas!

Joaquín me ve con curiosidad, me extiende su mano y dice: ¡No sé quién eres, pero tengo la sensación de conocerte aunque no recuerdo de dónde! ¡Gracias por tus palabras! ¡Espero que tengas razón!

A la mañana siguiente me desperté con inquietud pensando en los efectos que mi visita al pequeño Joaquín y al Joaquín adolescente habrían tenido. Mi vida, reflexioné, siguió siendo difícil. Y poco después me hice consciente de que un día, cuando ya no pude más pues había perdido casi todo, me rendí y fue hasta entonces que mi vida comenzó a cambiar.

Estando todavía acostado me dije: ¡Oye!, si recuerdas las palabras de aquél fotógrafo y del intruso a media calle tenían razón, ahora eres un hombre feliz.

Estuve en la cama observando a Miranda, dando gracias al universo y a la vida por haberla puesto junto a mí. ¡Sin su apoyo, mi existencia habría sido muy diferente!

La Confirmación Necesaria

La semana transcurrió con una gran cantidad de entrevistas con alumnos, había tanto trabajo que aunque parezca increíble no pude pasar a platicar con mi querido amigo Leopoldo, visitar mi biblioteca y por lo tanto tampoco tuve contacto con la caja de mi sueño a la que solamente veía de lejos.

A nadie le platiqué de mis experiencias con el Joaquín niño y con el Joaquín adolescente, mi corazón y mi mente seguían asimilándolas y les estaba dando el tiempo suficiente. A veces, sobre todo después de un evento emocional tan poderoso, es importante mantener el silencio.

Hasta el siguiente lunes cuando el ajetreo laboral disminuyó y ya había asimilado la experiencia de visitarme en el pasado y de hablar conmigo mismo, cuando terminó mi jornada laboral me dirigí a la tienda de Leopoldo. Me recibió con un fuerte abrazo y me invitó a sentarme en el sillón rojo para saborear una taza de café.

Le platiqué entonces lo que había sucedido con lujo de detalles y comentamos acerca de si no haberme puesto los guantes para tocar la caja de mi sueño, podría haber sido el factor para que ocurriera esa especie de materialización de mí mismo en otro tiempo de mi propia vida.

Leopoldo opinó que el asunto de los guantes podía ser la causa, pero además dijo: ¡Mira Joaquín! La caja llegó a tus manos y no a las mías o a las de nuestras esposas, creo sinceramente que solamente tú puedes tener acceso a ese ir y venir en el tiempo y estar ahí.

Le dije a Leopoldo que estaba de acuerdo con su planteamiento y que probaría a tocarla sin guantes la próxima vez, a ver qué sucedía. Seguimos platicando hasta que llegó la hora de cerrar y me despedí de mi amigo.

En el resto del camino a casa iba tan distraído recordando mi experiencia que cuando me percaté, ya estaba varias cuadras adelante esperando que el semáforo me diera el paso para atravesar una gran avenida con camellón y llena de palmeras. Di media vuelta y caminé de regreso.

Miranda estaba de viaje con un grupo de compañeras de la preparatoria que se reunían cada dos años para irse de excursión a diferentes sitios. Llegaría hasta el fin de semana.

Cuando llegué a mi hogar me preparé algo de cenar que comí rápidamente y al terminar, me dirigí a la biblioteca y desde la puerta estuve admirando aquella caja.

Después de varios minutos, me acerqué a la mesa en que ella reposaba esperando pacientemente el siguiente toque y dudé por un instante si ponerme o no los guantes. Me decidí por la segunda opción y entonces estiré mi mano desnuda para hacer contacto con la imagen de un hombre con una taza.

De pronto, me vi sentado en la cafetería de un hotel
cuando tenía alrededor de cuarenta años, tomando un café
y con la mirada puesta en algún punto del firmamento.
Aprovechando que el lugar estaba atiborrado y estaba

solo, me acerqué a la mesa y le pedí permiso al Joaquín adulto para sentarme.

El mesero se acercó después de unos minutos y ordené un chocolate con churros. Mientras traían mi pedido inicié la conversación diciéndole que estaba de viaje y que a pesar de haber nacido en un lugar de la provincia, desde más o menos veinte años atrás había cambiado la ciudad de residencia por asuntos de trabajo.

Comencé a platicarle acerca de mis recuerdos de cuando había llegado a la ciudad, de los sitios a los que iba, de las cosas que me gustaba comer, de mis recorridos a pie para conocer poco a poco y parecía extrañado de que un desconocido le informara de tantas cosas.

Fui ganando su atención hasta que me dijo: ¡Oiga! ¿Sabe algo? Estoy sorprendido porque lo que me ha contado de su vida, es bastante parecido a lo que me sucedió cuando llegué a vivir a esta ciudad.

Cuando el Joaquín adulto dijo eso, tuve que hacer un esfuerzo para evitar sonreír y solamente respondí:

¡Es increíble! ¿No es cierto? Y tal como sucede cuando se ve una película por segunda ocasión, no me sorprendí de ver momentos después al Joaquín adulto sentado en la cama de una habitación muy oscura, mirando hacia la ventana por la que entraba la luz de un anuncio de neón que decía "Hotel Central".

Volteó hacia donde yo me encontraba pero rápidamente pude darme cuenta de que no me veía, era de nuevo como si solamente percibiera mi presencia.

Entonces, comencé a escuchar algunas palabras pero no las entendía bien y aunque creí que en realidad me estaba acordando de mí en esa situación, era diferente.

Me sentía a la vez junto y separado de él así que me relajé y en el momento en que mis dudas cesaron, las ideas y los sentimientos originados en su corazón aparecieron ante mis ojos como si los estuviera leyendo en una pantalla.

¡Estoy muy triste y aunque ya lo sé todavía me pregunto cómo llegue hasta aquí! Hace un par de

semanas que no estoy en mi casa, no he hablado con mi esposa ni con mis hijas. No lo he dicho a nadie, ni a mis amigos ni a mis padres.

Me cuesta un gran esfuerzo ir a mi oficina, me queda todavía una semana de trabajo pues al final del mes seré despedido de la empresa pero no lo saben mis compañeros, ni siquiera mi secretaria; tengo que disimular y hacer como si nada estuviera sucediendo.

No es la primera vez que vivo de esa manera, se ha convertido en algo habitual llevar una vida doble. Desde hace muchos años hay dentro de mí una lucha constante entre lo que debo de hacer y lo que quiero hacer, lo que ha resultado negativo para mí y para los que me rodean.

Cada vez es más frecuente dejar de lado las actitudes adecuadas y llevo a cabo lo que quiero hacer aunque, por increíble que parezca, tampoco quisiera hacerlo.

No tengo la menor idea de lo que va a pasar en mi vida, desconozco el camino a seguir para recuperarme.

He perdido casi todo y jamás pensé que llegaría a estar en esta situación, pero así estoy.

Después de leer los pensamientos del Joaquín adulto, comencé a sentir una inmensa soledad y desesperanza. Entonces, de nuevo pensé que solamente podría dar lo que en ese momento nos hacía falta, es decir, compañía y esperanza para seguir adelante.

Me coloqué frente a él y fijé mi mirada en sus ojos. Puse mis dos manos sobre sus hombros y dejé que las lágrimas corrieran por mis mejillas con la seguridad de que estábamos en planos diferentes pero ¡oh, sorpresa!, una de ellas cayó sobre su mano y entonces el Joaquín adulto comenzó a llorar también.

Así permanecimos y después de algunos minutos, a sabiendas de que él no me podía ver con sus ojos físicos pero con la seguridad de que sí me podría escuchar con los oídos de su alma, le dije: ¡Joaquín, tal vez no me vas a creer pero vivo en el futuro y en ese lugar, estás con tu esposa y con tus hijas! ¡Todo va a estar bien!

Joaquín siguió llorando un rato más y después se preparó para meterse a la cama. Me quedé con él en la habitación, sentado en un taburete y recargado en la pared. Él se durmió y después de un rato me dormí también.

Ignoro cuánto tiempo pasó pero me despertó el frío y entonces me di cuenta de que estaba sentado en un sillón de la biblioteca de mi casa. Me levanté y subí a la recámara, me puse el pijama y me dormí de nuevo.

Al levantarme la mañana siguiente pensé, ¿en dónde me encontraré conmigo mismo la próxima vez que toque sin guantes la caja de mis sueños?

¿Quién es el Remitente?

Después de la experiencia del Hotel Central transcurrieron dos semanas y nuevamente surgieron en mi pensamiento la preocupación y la incertidumbre, pues el plazo para que pudiera quedarme o no con la caja de mis sueños estaba llegando a su fin. Ya habían pasado nueve semanas y todavía no había noticias de la agencia aduanal.

Ese día estaba en mi oficina después de una plática de orientación con un alumno cuando sonó el teléfono y contesté. Era Miranda que me dijo con un tono de voz de gran preocupación que tenía algo muy importante que decirme y por eso me pedía, que al salir de la Universidad me fuera directamente a la casa. Le pregunté qué era lo que le ocurría pero me dijo que era preferible que me enterara cara a cara.

Cuando sonó el timbre de la Universidad recogí mis cosas y salí corriendo hacia mi casa a la que llegué en la mitad del tiempo usual. Metí la llave en la puerta y Miranda me estaba esperando sentada en la sala. La besé y tomando sus dos manos le dije: Miranda, ¿qué es eso tan importante que me quieres comunicar?

Ella me miró y sus ojos se llenaron de lágrimas, eso me asustó todavía más aunque en realidad no sospechaba siquiera de lo que me iba a enterar momentos después.

¡Joaquín por primera vez en la vida te he mentido! ¡Te dije que me iba de viaje con mis compañeras pero no es así! ¡Te dije que salía de la ciudad pero tampoco ha sido así!

¡Me encontraba muy sorprendido y no sabía qué pensar, simplemente no sabía qué pensar!

- ¡Estoy llena de miedo y muy asustada Joaquín! ¡No te había querido decir pero ya no lo puedo callar más tiempo!

Todo comenzó hace más o menos dos meses y es que tengo una bolita en el seno izquierdo. Fui con el doctor que me recomendó la ginecóloga, me revisó y comentó que lo más conveniente era obtener una muestra para analizarla y asegurarse de que no fuese un tumor maligno.

Estuve internada en el hospital y me sometí a una intervención quirúrgica. Quedaron de llamarme del laboratorio cuando tuvieran los resultados. ¡Joaquín tengo mucho miedo de que sea algo malo!

Me quedé estático y completamente mudo por unos momentos hasta que le dije: ¡Miranda! ¡Qué mal la habrás pasado! Si alguien sabe lo que es vivir ocultando cosas soy yo y tú lo sabes bien.

No podría reprocharte nada pero sí te voy a decir que me habría gustado acompañarte en esos momentos. Después nos dimos un fuerte abrazo y quedamos de acuerdo en que no diríamos nada a nadie hasta tener los resultados.

Esa noche no puede dormir y creo que ella tampoco, aunque los dos permanecimos quietecitos y callados todo el tiempo hasta que el sol comenzó a salir.

Los días siguientes fui a trabajar pero anduve como sonámbulo todo el tiempo, no podía concentrarme y recordaba constantemente la cara de Miranda cuando me contó lo que le pasaba.

Varias veces me descubrí pensando o más bien imaginando mis sentimientos si a Miranda le sucediera algo.

Nada más de pensar que ella no estuviera a mi lado, aparecía en mi corazón un sentimiento de dolor muy profundo pero también comencé a reflexionar el motivo por el que decidió ocultarme algo tan importante y pronto caí en la cuenta de que hay momentos en los que me tiene miedo.

Estaba ocupado con esos pensamientos cuando me llegó un mensaje de Miranda avisándome que los resultados estarían listos a las cinco de la tarde, pero que de todas formas la llamarían de nuevo para confirmar.

Me sentí muy angustiado y a pesar de que intentaba desalojar de mi mente los pensamientos negativos no lo lograba. Se mostraban empeñados en robarse mi tranquilidad.

De pronto sonó el teléfono de mi oficina y mi corazón se encogió pues pensé que era mi esposa de nuevo, pero resultó que era Leopoldo quien después de saludarme me dijo: ¡Joaquín, acaban de entregarme un sobre con la carta de la agencia aduanal!

Mi corazón comenzó a latir tan fuerte que casi lo veía saliendo de mi pecho y en esos momentos, mi mente se distrajo de la preocupación que tenía por Miranda. ¡La carta había llegado!

Intenté de nuevo hacer algo de lo que había dejado pendiente en mi trabajo, pero la angustia había crecido y aunque quería que el tiempo pasara muy rápido el segundero parecía avanzar en cámara lenta y los minutos se volvieron muy largos. Volteaba constantemente a ver el reloj deseoso de que hubiese transcurrido más tiempo pero las manecillas apenas se movían.

De pronto comenzó a sonar la alarma de la Universidad y pensé que me había confundido con la hora, pero enseguida percibí que estaba temblando y en ese momento recordé que yo era el responsable del plan de evacuación.

Ahora sí, olvidé por completo mis preocupaciones referentes a la salud de mi amada Miranda y de la carta de la que dependía si la caja de mi sueño se quedaba conmigo o no.

Comencé de inmediato a seguir las reglas y directrices del plan y a pesar de que hubo un poco de confusión, gritos, carreras y miedo, en menos de tres minutos toda la Universidad estaba vacía.

Poco a poco se recuperó la calma y nos dimos cuenta de que el temblor había sido leve. Llamé a la casa para ver si Miranda estaba bien y me dijo que sí. Procedimos a realizar una revisión en la que no se detectó ningún daño o heridos más allá de un par de alumnos con los codos raspados.

Cuando el reloj marcó las 5:00 de la tarde sonó de nuevo el timbre de la Universidad y llamé otra vez a Miranda para enterarme si ya le habían avisado algo del laboratorio, pero me dijo que todavía no y acordamos que ella me haría una llamada apenas supiera algo.

Le dije que Leopoldo me había avisado que la carta ya había llegado y Miranda me sugirió que fuera a recogerla para aprovechar el tiempo.

Entonces cerré la puerta de mi oficina y tomé mi chamarra para salir corriendo ante la extrañeza de mis compañeros. No me despedí de nadie. Lo único que quería era llegar al negocio de antigüedades de mi amigo.

Al entrar a la tienda casi arrollo a un par de señoras que salían con varias bolsas. Leopoldo venía un paso detrás de ellas, sonrió al verme y las acompañó hasta el carro que las esperaba frente a la puerta. Se despidió y entró diciendo: ¡Joaquín, acabo de realizar una venta excelente! Por eso los voy a invitar a cenar mañana por la noche, ¿qué te parece?

Mi respuesta fue: ¡La carta Leopoldo! ¿Dónde está la carta?

- ¡La tengo guardada Joaquín! ¡Ven, entremos a mi oficina para entregártela!

Leopoldo metió la mano a su chaleco, sacó la llave, abrió el cajón de su escritorio y me entregó la carta diciendo: ¡Suerte Joaquín! ¡Suerte, amigo mío! Por fin nos vamos a enterar si la caja se queda contigo o tendré que devolverla.

Justo en ese momento sonó el teléfono y Leopoldo contestó. Al colgar me dijo: ¡Es Pilar, se le acaba de ponchar una llanta y está parada a la mitad de la calle, quisiera quedarme para ver lo que dice la carta pero tengo que ir a ayudarla!

Entonces salí de la tienda y corrí a la casa, Miranda no estaba pero me dejó un recado diciendo que iba a la tintorería pues le avisaron del laboratorio que los resultados estarían hasta el otro día.

Entré a la biblioteca y me senté muy cerca de la caja de mi sueño para leer la carta que decía:

Me extraño a mí mismo

Lic. Leopoldo Rosagranda Muñíz

Calle Manuel López Cotilla # 1135

Ciudad Vereda

Estimado señor:

Agradecemos su paciencia para recibir esta respuesta, la principal razón es que hemos tenido que revisar los archivos de los últimos cuarenta y cinco años y abrimos nada más y nada menos que doscientas treinta y siete cajas.

Lo que hemos hallado es que ese paquete se envió a Joaquín Pineda Quiroz desde el año de 1969 pero no se encontraba el destinatario en su domicilio y lo que resulta más extraño, es que el paquete se extravió desde entonces y ha sido asombroso su mensaje avisando que estaba dentro de la caja de su pedido cuando lo entregamos en su tienda.

Como le dije desde el principio de nuestra comunicación, el protocolo de la agencia es regresar el paquete al destinatario, por lo que le solicito que el paquete nos sea devuelto lo más pronto posible.

Lic. Francisco Quezada Dourell.

Director General

Como ocurrió cuando vi la caja de mi sueño en la tienda de Leopoldo, no podía creer lo que decía la carta pues entonces el paquete tenía que haberlo recibido yo, Joaquín Pineda Quiroz, cuando tenía diecisiete años. A partir de ese momento, lo que más me intrigó es quién sería el remitente.

Al llegar a casa Miranda salí a recibirla y le conté todo lo que había pasado con la carta, también a ella le pareció increíble y dijo: ¡Joaquín! Ni tú ni yo esperábamos que apareciera el dueño de la caja y ahora resulta que eres tú. ¡Esto parece una fantasía! La tomé de la mano y nos dirigimos a la biblioteca.

Nos quedamos parados en la puerta viendo la caja de mi sueño en su sitio sobre la pequeña mesa de alambrón con cubierta de nácar. Después de un par de minutos, nos acercamos a la mesa y le dije a Miranda que me gustaría que la tocásemos juntos. Ella se quedó pensativa y me dijo, como la vez anterior que la iba a tocar, que le daba un poco de miedo pero que estaba dispuesta a compartir la aventura conmigo.

Los dos tocamos al mismo tiempo la caja de mi sueño en la imagen de unos viejitos y de pronto estuvimos frente a una casa igual a la nuestra, pero que estaba pintada de un color diferente.

Miranda tocó a la puerta y nos abrió una hermosa jovencita como de catorce años tomando de la mano a una pequeña como de seis. Las dos eran rubias y tenían los ojos más verdes y brillantes que habíamos visto.

- ¡Hola! Dijo la jovencita

- ¡Hola guapa, respondió Miranda

- ¿Y tú quién eres? Le pregunté

- ¡Soy Jimena!

- ¡Y yo Maribel, dijo la pequeña!

En ese momento vimos a una pareja de ancianitos que tomados de la mano se acercaron a la puerta sonriendo. Ella se adelantó y después de vernos por unos momentos volteó hacia él y con una voz clara y segura comentó: ¡Joaquín, la caja de tu sueño es mágica!

En ese momento ya no dudamos de quiénes eran y aunque el Joaquín anciano pareció no reconocernos, nos dijo: ¡Bienvenidos, pasen por favor!

Entramos a la casa y la recorrimos completamente, ni Miranda ni yo dábamos crédito a lo que estaba sucediendo y lo más increíble fue que nos condujeron a la biblioteca y sobre la pequeña mesa de alambrón con cubierta de nácar estaba la caja de mi sueño. Entonces la viejita nos invitó a sentarnos y tomar con ellos una taza de café. Miranda y yo aceptamos con entusiasmo, pues no es de lo más común platicar con uno mismo.

La viejita fue a la cocina y regresó con una jarra que despedía un aroma delicioso y mientras servía el café en unas pequeñas tazas que no conocíamos, el viejito se puso a buscar un trapo para limpiar sus lentes pues estaban muy sucios, según nos dijo.

Cuando al fin los cuatro estábamos sentados, el viejito tomó la mano de su esposa entre las suyas y se dirigió a nosotros diciendo: ¡Miranda, tus análisis salieron negativos y tú Joaquín, ya no puedes dudar de los poderes de la caja de tu sueño! Miranda y yo nos volteamos a ver y en ese preciso instante regresamos a la época actual.

Tomados de las manos y mirándonos a los ojos permanecimos callados. Ahora, más que nunca, los dos estábamos seguros de que sin importar lo que pasara continuaríamos juntos.

Tomé el teléfono y llamé a Leopoldo para decirle que ya no hacía falta conseguir los datos del remitente. Mientras esperaba que me contestara, pensé en su cara de incredulidad cuando le contara todo pero después de un tiempo, la llamada se cortó. No estaban en casa.

Cuando colgué le susurré a Miranda en el oído, ¿sabes algo? ¡Nunca me había sentido tan seguro como ahora! Y ella respondió, ¡yo tampoco!

Al día siguiente Leopoldo me llamó alrededor de las ocho de la mañana y me dijo: ¡Joaquín! ¡Dime de la carta! ¡¿Que pasó?! ¡¿Te puedes quedar con la caja?! ¡¿La tendré que devolver?!

Entonces le dije a mi amigo Leopoldo: ¡Para, para, para!

¡Hombre, ¿de qué se trata todo esta jaleo?!

Al escucharme Leopoldo comenzó a reírse y por supuesto que yo también, entonces me dijo: ¡Vamos Joaquín! ¿Qué pasó? ¡Tienes que contarme!

Me sonreí en silencio y le dije: ¡Pues mira, amigo mío, no estoy seguro de que me vayas a creer pero ayer cuando llegué a mi casa y abrí la carta...!

Epílogo

Todos tenemos, simbólicamente hablando, una caja que guarda las partes que fuimos extraviando en el camino pero que, por fortuna, siguen estando en nuestro interior.

Esas partes, junto con los contenidos de nuestra consciencia forman el tesoro invaluable que es un ser completo.

El mapa para llegar a ellas está trazado en el corazón y tenemos acceso a través de esos momentos en los que nos sentimos profundamente solos, frustrados, tristes, enojados, incapaces, desorientados e impotentes.

Conviene hacerse consciente de todos lo deseos y las cosas que no se pudieron lograr a lo largo de la vida, y si acaso es imposible llevarlos a cabo en el mundo exterior, entonces tenemos que aprovechar la creatividad y la imaginación.

Como dije desde el inicio de este libro, la vida es un camino para llegar a ser quien tú eras desde el principio.

¡Vamos, atrévete!

Te aseguro que dejarás de decir: ¡Me extraño a mí mismo!

¡Apocatástasis!

Nota aclaratoria

El término Apocatástasis deriva de una idea que Orígenes acuñó en los primeros siglos del desarrollo de la Iglesia Católica causando revuelo, pues propone que al final de los tiempos todos volveremos a ser uno con Dios y, si así fuera Satanás también tendría que ser perdonado, lo que resultaba a todas luces inconcebible.

De ahí, se desprende que la Apocatástasis es la unión del todo con cada una de sus partes, sin excepción. Es el momento en que la contención es completa, la aceptación alcanza su máximo nivel y las posibilidades de creación son infinitas.

Apocatástasis es el momento de inspiración en que un ser humano contacta con la realidad más profunda e intemporal. Es el principio y el final de todas las cosas.

Si podemos imaginar un péndulo que se encuentra inmóvil en el punto más bajo, en ese instante que puede durar una eternidad está todo, sin embargo, hace falta algo que lo ponga en movimiento, una energía, una chispa, una explosión.

Los seres humanos le hemos dado un nombre a esa fuerza que es capaz de mover al todo, la llamamos Amor.

Printed in the United States
By Bookmasters